2035

中国

共建共同富裕社会

清华大学国情研究院　组织编写

胡鞍钢　周绍杰　著

人民东方出版传媒
People's Oriental Publishing & Media

东方出版社
The Oriental Press

目 录

导　语

中国在全面建成惠及 14 亿多人民的小康社会之后，进入建设共同富裕社会阶段，开启了实现第二个百年奋斗目标的新征程。共同富裕是社会主义的本质要求，是中国式现代化的重要特征，也是中国共产党人持续追求的奋斗目标，是一代接一代的万里长征。

早在 1955 年，毛泽东就提出了实现社会主义的共同富裕的宏伟设想。在推进农业社会主义改造过程中，毛泽东提出"使全体农村人民共同富裕起来"。

改革开放后，邓小平科学阐释社会主义的本质，即解放生产力，发展生产力，消灭剥削，消除两极分化，最终达到共同富裕。他辩证看待解放生产力与共同富裕的关系，提出"让一部分人先富裕起来，突破贫困陷阱，同时防止两极分化，最终实现共同富裕"。

江泽民指出，实现共同富裕是社会主义的根本原则和本质特征，绝不能动摇。在实践上，他开启了区域协调发展战略，区域协调发展也是推进共同富裕的重要任务和手段。他强调，从"九五"计划开始，要更加重视支持中西部地区经济发展，逐步加大解决地区差距继续扩大趋势的力度，积极朝着缩小差距的方向努力。在"十五"计划时期，中国开始实施西部大开发战略。

胡锦涛提出科学发展观，强调走共同富裕道路，促进人的全面发展，做到发展为了人民、发展依靠人民、发展成果由人民共享，努力使全体人民学有所教、劳有所得、病有所医、老有所养、住有所居，推动建设和谐社会。

党的十八大以来，习近平总书记把逐步实现全体人民共同富裕摆在更加重要的位置上，高度重视脱贫攻坚工作，提出"精准扶贫"思想，使近1亿农村贫困人口摆脱绝对贫困。

在完成全面建成小康社会的宏伟目标之后，党中央及时明确提出实现全体人民共同富裕，并把它作为长期发展的目标任务。习近平总书记强调，"进入新发展阶段，完整、准确、全面贯彻新发展理念，必须更加注重共同富裕问题"，他指出，"实现共同富裕不仅是经济问题，而且是关系党的执政基础的重大政治问题"。

我国已经具备了实现共同富裕的有利条件。这包括：在中国共产党领导下实现共同富裕，这是政治保障；在保持中高速经济增长和较高收入条件下实现共同富裕，建成世界最大中等发达城镇化社会，城乡居民人均收入和消费支出在持续增长中不断缩小差距，这是经济发展动力；国家财政实力和分配能力大幅度提高，建立世界最大规模、全民覆盖、人人享有的社会保障体系，这是重要保障。2021—2035年，中国将通过三个"五年规划"实现"全体人民共同富裕取得更为明显的实质性进展"。

实现共同富裕是十分艰巨的长期任务，面临诸多重大挑战，包括：城乡发展不平衡，区域发展不平衡，重点困难人群数量较大，居民收入基尼系数仍处高位，国家二次分配能力严重不足，等等。但是，我国当前的发展基础与发展潜力完全能够应对这些挑战，实现在发展中促进共同富裕。

根据党的十九届五中全会提出的新时代实现共同富裕的总体目标与阶段目标，基于国家"十四五"规划（第一个共同富裕规划），我们提出并设计了五大发展目标与量化指标体系。主要包括：生产力指标（4项）、发展机会指标（3项）、收入分配指标（3项）、发展保障指标（9项）、人民福利指标（3项），与"十三五""十四五"规划主要指标有机衔接，又基于主要指标的发展趋势前瞻性展望到2035年，绘制了分步骤全面建设共同富裕社会的宏伟蓝图，即全面缩小城乡、地区发展差距以及居民收入差距，实现全体人民基本公共服务均等化，到2035年实现"全体人民共同富裕取得更为明显的实质性进展"的宏伟目标。

新时代促进全体人民共同建设共同富裕社会的重大任务包括：坚持社会主义基本经济制度，促进共同富裕的政治优势、制度优势、经济优势、社会优势、生态优势；全面实施乡村振兴战略，推进农业农村现代化，推进城乡融合发展；全面实施新型城镇化战略，贯彻"以人为中心"的城镇化发展模式，提升城镇治理水平；全面实现基本公共服务均等化，坚持尽力而为、量力而行，完善覆盖全部人口的公共服务政策体系，加快城乡融合发展、基本公共服务标准统一、政策并轨进程；明确各级政府提供基本公共服务职责；大力促进非基本公共服务均等化；重点支持特殊类型地区全面振兴发展；重点帮扶低收入特殊困难人群（2亿—3亿人）。

举全国之力扎实推进全体人民共同建设共同富裕社会的政策思路和建议，包括制定国家促进共同富裕的行动纲要，既要坚持全国一盘棋、统筹谋划，又要鼓励地区主动创新、各显其能；在高质量发展中促进共同富裕，激励全国各地从实际情况出发，积极推动从中高收入到高收入、从高人类发展水平到极高人类发展水平；坚持把保障就业放在促进共同富裕政策的优先位置，促进更加充分、更高质量就业，有效控制城镇调查失业率，促进就业结构优化，不断提升劳动生产率，不断提升就业公平，帮助失业者培训或转岗再就业，促进男女就业机会平等，发挥我国女性就业参与率高的性别红利和人力资本红利；完善和优化收入分配体系，坚持居民收入增长同经济增长基本同步、劳动报酬的提高和劳动生产率提高基本同步，提高劳动报酬在初次分配中的比重，拓展居民收入增长渠道，促进城乡居民收入来源多样化；构建家庭友好型社会，如生育友好型社会、老年友好型社会、健康友好型社会，以及充分发挥中国特有的"妇女能顶半边天"的社会优势，充分发挥农村家庭传统互助互惠性的零次分配机制；健全国家基本公共服务制度体系，积极完善非基本公共服务发展机制，完善基本公共服务的财政保障机制；提高国家财政汲取能力，不断提高一般公共预算收支占国内生产总值（GDP）的比重，充分发挥社会主义国家再分配职能；做大做强做优国有经济，继续鼓励我国民营经济发展壮大。

促进全体人民共同富裕是一个极其宏大的发展目标，要经历一个相当长的历史发展过程，它的长期性、复杂性、艰巨性决定了实现共同富裕是一场持久战，既不能急于求成，也不能一拖再拖；既不能搞"大跃进"，也不能搞齐步走；既不能搞均贫富，更不能搞两极化。要根据我国社会主义现代化建设的规律性特征，尊重发展的客观规律，稳步扎实推进，积小胜为中胜，积中胜为大胜，积量变为部分质变，积部分质变为巨变。

中国进入
共同富裕新阶段

实现全体人民共同富裕是社会主义的本质要求，是中国式现代化的重要特征。

2021 年 11 月，党的十九届六中全会审议通过的《中共中央关于党的百年奋斗重大成就和历史经验的决议》（以下简称《决议》）指出，中国特色社会主义新时代是"逐步实现全体人民共同富裕的时代"，即全体人民在中国共产党的领导下共同建设共同富裕社会。这是继实现全面建成小康社会的第一个百年奋斗目标之后中国式现代化又一个宏伟的战略目标。

1979 年，邓小平提出建设"小康社会"战略目标，首次用"小康之家"来论述中国式社会主义现代化。由此，"小康水平""小康社会"成为改革开放 40 多年来中国现代化发展的关键词、主题词，全面建成小康社会也成为第一个百年奋斗目标，其中消除数亿绝对贫困人口则是全面建成小康社会的关键性标志。

"两个一百年"奋斗目标是中华民族实现伟大复兴的两大重要里程碑，也是我国建设社会主义现代化的两个重大阶段目标。2021 年 7 月 1 日，习近平总书记在庆祝中国共产党成立 100 周年大会上庄严宣告："经过全党全国各族人民持续奋斗，我们实现了第一个百年奋斗目标，在中华大地上全面建成了小康社会，历史性地解决了绝对贫困问题，正在意气风发向着全面建成社会主义现代化强国的第二个百年奋斗目标迈进。"① 这一成就也标志着中国提前 10 年完成《联合国 2030 可持续发展议程》的减贫目标。

中国特色社会主义已经进入第二个百年奋斗目标的新发展阶段。这一阶段的总目标是：到本世纪中叶，把我国建成富强民主文明和谐美丽的社会主义现代化强国。实现共同富裕是新阶段的核心任务之一。

党的十九届五中全会通过的《中共中央关于制定国民经济和社会发展第十四个五年规划和二〇三五年远景目标的建议》（以下简称《建议》）对 2035 年远景目标进行了展望，指明了 2035 年基本实现社会主义现代化的基本特征和主要任务，即"人均国内生产总值达到中等发达国家水平，中等收入群体显著扩大，基本公共服务实现均等化，城乡区域发展差距和居民生活水平差距显著缩小"，"人民生活更加美好，人的全面发展、全体人民共同富裕取得更为明显的实质性进展"。② 习近平总书记在关于《建议》的说明中指出，我们必须把促进全体人民共同富裕摆在更加重要的位置，脚踏实地，久久为功，向着这个目标更加积极有为地进行努力。他还特别强调，这样的表述，

---

① 习近平：《在庆祝中国共产党成立一百周年大会上的讲话》，《人民日报》2021 年 7 月 2 日。

②《中共中央关于制定国民经济和社会发展第十四个五年规划和二〇三五年远景目标的建议》，《人民日报》2020 年 11 月 4 日。

在党的全会文件中还是第一次。① 这标志着从 2021 年起到 2035 年是中国迈向共同富裕的新阶段。②

2021 年 8 月 17 日，习近平总书记主持召开中央财经委员会第十次会议，专门研究扎实推动共同富裕等问题。他指出："党的十八大以来，党中央把握发展阶段新变化，把逐步实现全体人民共同富裕摆在更加重要的位置上，推动区域协调发展，采取有力措施保障和改善民生，打赢脱贫攻坚战，全面建成小康社会，为促进共同富裕创造了良好条件。现在，已经到了扎实推动共同富裕的历史阶段。"③

"共同富裕"成为未来一个时期中国经济社会发展的主题和核心目标，也将成为基本实现社会主义现代化的关键性标志，开启了 14 亿多人民实现共同富裕的新长征。

为此，本书以"全体人民共同富裕取得更为明显的实质性进展"为主题，主要探讨到 2035 年全体人民共同建设共同富裕社会（简称"共建共同富裕社会"）的发展目标和实践途径，分为导语、绪论和七章，主要回答以下重大发展问题：党中央为何提出共同富裕的宏伟目标？共同富裕的理论基础是什么？中国作为社会主义发展中国家是如何追求并实践共同富裕这个宏伟目标的？新时代中国能不能实现共同

---

① 习近平：《关于〈中共中央关于制定国民经济和社会发展第十四个五年规划和二〇三五年远景目标的建议〉的说明》，《人民日报》2020 年 11 月 4 日。

② 我们曾在 2011 年提出，到 2030 年，中国不仅要建成世界经济强国、创新强国，还要跨越中等收入陷阱，走向共同富裕社会。其有利条件：一是党的强烈政治意愿，二是坚持社会主义道路，三是相对雄厚的国家财政能力有力地支持发展差距缩小，四是地方创新提供了宝贵的经验。参见胡鞍钢、鄢一龙、魏星著：《2030 中国：迈向共同富裕》，中国人民大学出版社 2011 年版，第 130 页。

③ 习近平：《扎实推动共同富裕》，《求是》2021 年第 20 期。

富裕的目标？有哪些有利条件和发展基础，又面临哪些重大发展挑战
和风险？实现共同富裕总体目标和战略思路是什么？有哪些具体的阶
段性发展目标和量化指标体系？有哪些重大的长期性任务？在促进共
同富裕方面有哪些重点政策思路和具体建议？

绪论说明中国在全面建成惠及 14 亿多人民的小康社会之后，已
进入全体人民共同建设共同富裕社会的新时代，是中国道路的升级
版，也是中国发展道路的新探索。

第一章阐述中国实现共同富裕的理论基础、思想来源，作为本书
研究主题的理论依据。

第二章梳理和总结新中国成立以来不断推进共同富裕的社会实
践。包括三个时期：一是社会主义革命和建设时期，为实现共同富裕
奠定社会主义根本政治前提和制度基础；二是改革开放和社会主义现
代化建设新时期，以经济建设为中心，解放和发展生产力，使人民摆
脱绝对贫困、尽快富裕起来，为实现共同富裕提供了社会主义市场经
济体制保证和物质条件；三是中国特色社会主义新时代，是全国各族
人民团结奋斗、不断创造美好生活、逐步实现全体人民共同富裕的新
时代。

第三章深入分析实现共同富裕目标的基础与挑战。我国进入全体
人民共同富裕新时代已经具备诸多有利条件。为此，以习近平同志为
核心的党中央对推进实现共同富裕作出了重大战略决策，这符合并充
分体现了全国人民的根本利益、长期利益。同时我们也要看到，实现
这一宏伟目标面临诸多挑战，任务十分繁重。但是机遇大于挑战，办
法多于困难。这就需要积极创造并紧紧地抓住新的发展战略机遇期，

主动应对各种可预见、不可预见的风险挑战，在有效应对各种风险挑战中共建共同富裕社会。

第四章详细分析新时代实现共同富裕的总体目标与指标体系。这涉及构建什么样的共同富裕社会，应当怎样分阶段、分步骤实现；怎样设计总体目标与阶段性目标，以及选择哪些具体目标与可量化可评估的指标。这就需要坚持目标导向和问题导向，坚持守正和创新相统一，深入研究全面对标党中央提出的 2035 年远景目标，既有宏大的构想，又有可实施、可操作、可实现的分阶段、分步骤的路径，更好地构建中国特色共同富裕社会。

第五章提出新时代促进共同富裕的重大任务。这包括：坚持社会主义基本经济制度；全面实施乡村振兴战略；全面实施新型城镇化战略；全面实现基本公共服务均等化；重点支持特殊类型地区全面振兴发展；重点帮扶低收入特殊困难人群。这些任务既要体现推进共同富裕的整体性，又要突出重点与短板。

第六章提出促进共同富裕的主要政策思路和建议。其中包括：制定国家和地方促进共同富裕行动纲要；在高质量发展中促进共同富裕；坚持就业优先的基本国策；坚持按劳分配为主体、多种分配方式并存的社会主义分配原则，规范收入分配秩序，优化收入分配结构；积极实施应对人口老龄化与少子化国家战略，构建家庭友好型社会；提高国家财政汲取能力，充分发挥国家再分配重要作用。

第七章作为全书总结，阐述了 14 亿多中国人民在中国共产党领导下实现共同富裕的伟大现实意义与世界意义，即中国在创造了经济快速发展、社会长期稳定两大奇迹与消除绝对贫困之后，正在逐步实现全体人民共同富裕与全面建成社会主义现代化强国。这就形成了建设中国特色社会主义现代化、实现共同富裕的历史接力棒机制，一代传一代，一代接一代，一代超一代，书写21世纪中国时代新篇章，开创人类实现共同富裕的新道路。

第 一 章

共同富裕
理论创新

　　共同富裕是社会主义的本质要求，也是中国特色社会主义现代化的核心目标与重要特征，体现了马克思主义政治经济学的价值追求，是中国特色社会主义理论体系的基本构成要素和重要组成部分。新中国成立以来，历代党的中央领导集体都基于时代发展要求提出了共同富裕的理论和构想。在胜利完成全面建成小康社会奋斗目标之际，习近平总书记提出了新时代共同富裕的总目标和总任务，开启了中国人民共建共同富裕社会的新征程。

第 一 节

共同富裕是马克思主义
政治经济学的价值要求

马克思主义产生的时代背景是西方资本主义工业化发展初期出现的资本对劳动的残酷剥削。然而，在人类社会科技高度发达的今天，贫富差距仍旧是西方主要发达国家的顽症痼疾，也是其社会矛盾产生的基本原因之一；同时，诸多发展中国家仍然面对消除绝对贫困的艰巨任务。从人类社会的发展历史来看，缩小贫富差距是任何时代、任何社会发展都必须考虑的重大问题。它反映了社会分配的公平正义，受收入分配制度影响。收入分配制度是一个国家基本经济制度的组成部分，受生产关系影响。虽然人类社会实现共同富裕体现的是社会分配领域的公平正义，但是共同富裕只有在特定的发展阶段以及特定的社会制度下，才有可能实现。

在社会主义制度下，社会分配的基本原则就是"各尽所能，按劳分配"。这是社会主义公有制的具体实现形式和社会主义物质利益原则的体现，是社会主义的基本标志之一，但这并不是人类社会最理想的分配原则。马克思主义政治经济学认为，收入分配结果受生产关系影响，而生产力对生产关系起着决定作用，因而收入分配制度同样受生产力发展的影响。从生产力发展来看，改革开放以来我国40多年的社会主义建设实践，证明了社会主义市场经济体制是符合现阶段生产力发展要求的，而多种经济成分并存的现实情况决定了我们只能实行以按劳分配为主体、多种分配方式并存的分配原则。①

共同富裕是马克思主义追求的社会理想。随着生产力的进一步发展，按照马克思、恩格斯的设想，"生产将以所有的人富裕为目的"②是未来新社会的显著特征。由此可知，共同富裕是马克思主义追求的一个基本目标，也是我们党领导人民进行社会主义革命、建设和改革开放、中国特色社会主义新时代的根本目的。

实际上，中国仍处于社会主义初级阶段，人口众多、城乡地区发展不平衡，要想实现14亿多人民共同富裕目标具有极大挑战性、长期性、艰巨性、复杂性，既没有现成的答案，也没有成功的先例，只能在长期发展实践中不断探索、不断创新、不断总结，探索适合中国国情的阶段性目标和开辟可实现的新路径，不能搞"大跃进"，只能通过渐进方式，积小胜为大胜，由量变到质变。

"共同富裕是社会主义的本质要求，是中国式现代化的重要特征。"③共同富裕是中国共产党立党为公、执政为民的思想基础和奋斗目标。中国作为世界上曾经最贫穷的人口大国，如何才能带领全体人民实现共同富裕，是中国共产党长期执政的核心目标和主线。然而，

① 参见徐光春主编：《马克思主义大辞典》，长江出版传媒、崇文书局2018年版，第193—194页。

② 《马克思恩格斯文集》第八卷，人民出版社2009年版，第200页。

③ 习近平：《扎实推动共同富裕》，《求是》2021年第20期。

在人口众多、极低生产力发展水平的历史起点上，中国共产党要实现全体人民共同富裕的宏伟目标，在不同发展阶段有着不同的制约因素和条件，也有着不同的发展目标、政策体系和社会实践。

第　二　节

新中国成立初期关于共同富裕的设想

在取得新民主主义革命胜利后，以毛泽东同志为主要代表的中国共产党人通过政治协商会议，制定了《中国人民政治协商会议共同纲领》，建立了新民主主义社会，明确提出："中华人民共和国必须取消帝国主义国家在中国的一切特权，没收官僚资本归人民的国家所有，有步骤地将封建半封建的土地所有制改变为农民的土地所有制，保护国家的公共财产和合作社的财产，保护工人、农民、小资产阶级和民族资产阶级的经济利益及其私有财产，发展新民主主义的人民经济，稳步地变农业国为工业国。"[1] 明确提出了新民主主义的经济政策，基本精神是照顾四面八方，就是实行"公私兼顾、劳资两立、城乡互助、内外交流"的政策，以达到发展生产、繁荣经济之目的。实际上

---

[1] 中共中央文献研究室编：《建国以来重要文献选编》第一册，中央文献出版社 2011 年版，第 2 页。

就是根本改变旧中国经济十分落后、贫富悬殊两极分化的局面。

我们党领导发动了一场历史上空前规模的土地改革运动，彻底废除封建土地所有制。到 1952 年底，除一部分民族地区及台湾省外，广大新解放区的土地改革基本完成，占农村人口 92.1% 的贫农、中农占有全部耕地的 91.4%，在中国延续 2000 多年的封建土地所有制被彻底废除，实现了"耕者有其田"的目标，极大地解放了广大农民，对促进和恢复农业生产起了极大的作用，农民收入普遍增加，生活明显改善，农民购买力成倍增长。① 这也是中国历史上开天辟地的土地改革。诚如毛泽东所言："土改千载难逢。从尧、舜、禹、汤、文、武、周公、孔子直到孙中山都没有做过，我们才做。"② 首次让近 5 亿农民告别了长期以来极度饥饿、极度贫困的局面。为了避免产生新的两极分化，为了发展农业生产、兴修水利、抵御自然灾害等，毛泽东进一步倡导发展农业生产合作社，实现共同富裕。1953 年 12 月，毛泽东主持起草的《关于发展农业生产合作社的决议》指出，不断地在社员中进行关于社会主义（没有人剥削人、而使大家都富裕起来）和资本主义（最少数人剥削大多数人、而使大多数人贫穷、只有很少的人富裕）两条新旧不同道路的教育。③ 其目的是引导广大农民走农业生产合作化道路，从而走向共同富裕。

---

① 参见中共中央党史研究室著：《中国共产党历史》第二卷（1949—1978）上册，中共党史出版社 2011 年版，第 100—101 页。

② 中共中央文献研究室编：《毛泽东年谱（1949—1976）》，中央文献出版社 2013 年版，第 680 页。

③ 参见中共中央文献研究室编：《建国以来重要文献选编》第四册，中央文献出版社 1993 年版，第 680 页。

1954 年，我国制定了第一部社会主义宪法，即《中华人民共和国宪法》，标志着中国将进入社会主义社会。[①]1955 年 10 月，毛泽东提出了实现社会主义的共同富裕、共同强大的宏伟设想。他指出："我们的目标是要使我国比现在大为发展，大为富、大为强……我们实行这么一种制度（指社会主义制度——引者注），这么一种计划（指第一个五年计划——引者注），是可以一年一年走向更富更强的，一年一年可以看到更富更强些。而这个富，是共同的富，这个强，是共同的强……这种共同富裕，是有把握的，不是什么今天不晓得明天的事。"[②]毛泽东把共同富裕与社会主义制度以及实行计划经济联系起来，指出只有实行社会主义制度才能使人民特别是占总人口绝大多数的农民富裕起来，只有实行计划经济体制才能发动工业化，才能使国家强大起来。在当时的国内发展条件以及外部形势下，通过计划经济体制发动国家工业化是实现民富国强的主要途径。因此，毛泽东是中国共同富裕的首创者、实践者。

[①]《中华人民共和国宪法》第四条规定：中华人民共和国依靠国家机关和社会力量，通过社会主义工业化和社会主义改造，保证逐步消灭剥削制度，建立社会主义社会。刘少奇在《关于中华人民共和国宪法草案的报告》中指出，国家对资本主义工商业的社会主义改造，将经过一个相当长的时间，并通过各种不同形式的国家资本主义来逐步实现。参见刘少奇：《关于中华人民共和国宪法草案的报告》（1954 年 9 月 15 日），《建国以来重要文献选编》第五册，中央文献出版社 1993 年版，第 484 页。

[②]《毛泽东文集》第六卷，人民出版社 1999 年版，第 495—496 页。

第 三 节

共同富裕的社会主义原则

　　首次提出将共同富裕作为社会主义原则的是邓小平。他指出，社会主义实行改革开放必须坚持两个原则，一个是公有制，一个是共同富裕。改革开放以后，邓小平对"共同富裕"作出了三大理论贡献：一是阐释社会主义的本质，即解放生产力，发展生产力，消灭剥削，消除两极分化，最终达到共同富裕。"社会主义的特点不是穷，而是富，但这种富是人民共同富裕。"二是提出了"先富论"，即"让一部分人、一部分地区先富起来……根本目标是实现共同富裕"。"先富论"承认我国在生产力水平较低的情况下，难以实现全体人民同步富裕。因而，"先富论"在我国生产力水平较低的发展阶段，对更快地发展社会生产力具有现实意义，更具有可行性、创新性，为建立社会主义市场经济体制奠定了思想基础。三是提出了共同富裕论。

　　邓小平辩证地看待社会主义关于生产力和共同富裕的两大特征。一方面，他把"让一部分人、一部分地区先富起来"作为"实现共同富裕"的必经发展阶段；另一方面，他对于出现两极分化高度警惕。特别是在有效处理1989年政治风波之后，1990年底，邓小平对江泽民等中央负责同志明确指出，社会主义最大的优越性就是共同富裕，这是体现社会主义本质的一个东西，并严肃告诫说：如果搞两极分化，民族矛盾、区域间矛盾、阶级矛盾都会发展，相应的中央和地方的矛盾就会发展，就可能出乱子。① 之后中国再没有出现类似的风波，实现了经济长期稳定快速增长与社会长期稳定的两大奇迹。

邓小平还提出了中国国情的"特殊论"。他指出："中国情况是非常特殊的，即使百分之五十一的人先富裕起来了，还有百分之四十九，也就是六亿多人仍处于贫困之中，也不会有稳定。中国搞资本主义行不通，只有搞社会主义，实现共同富裕，社会才能稳定，才能发展。"②

1988 年 9 月，邓小平提出了"两个大局"的战略思想。他指出："沿海地区要加快对外开放，使这个拥有两亿人口的广大地带较快地先发展起来，从而带动内地更好地发展，这是一个事关大局的问题。内地要顾全这个大局。反过来，发展到一定的时候，又要求沿海拿出更多力量来帮助内地发展，这也是个大局。那时沿海也要服从这个大局。"③ 这为 1999 年实施西部大开发战略等提供了重要依据。事实上，"十五"计划后中国实施区域协调发展战略就体现了邓小平关于"两个大局"的设想。

1992 年，邓小平在南方谈话中指出："如果富的愈来愈富，穷的愈来愈穷，两极分化就会产生，而社会主义制度就应该而且能够避免

---

① 参见《邓小平文选》第三卷，人民出版社 1993 年版，第 364 页。

② 中共中央文献研究室编:《邓小平年谱（1975—1997）》（下），中央文献出版社 2004 年版，第 1312 页。

③《邓小平文选》第三卷，人民出版社 1993 年版，第 277—278 页。

两极分化。"① 这就给中国共产党人提出了一个基本任务：如何在创新社会主义市场经济体制的条件下，避免贫富两极分化。

1993 年 9 月 16 日，邓小平提出共同富裕的时代主题："十二亿人口怎样实现富裕，富裕起来以后财富怎样分配，这都是大问题。题目已经出来了，解决这个问题比解决发展起来的问题还困难。"② "先富论"主要是解决发展问题，突破"贫困陷阱"，而"共富论"不仅要解决持续发展问题，更要解决社会分配问题。

邓小平在改革开放初期关于中国特色社会主义的总体布局、顶层设计，为中国建立社会主义市场经济体制，为解放和发展生产力确立了经济制度保障，开启了迄今为止长达 40 多年的经济快速发展奇迹。

1993 年 11 月，党的十四届三中全会通过的《中共中央关于建立社会主义市场经济体制若干问题的决定》指出："个人收入分配要坚持以按劳分配为主体、多种分配方式并存的制度，体现效率优先、兼顾公平的原则。劳动者的个人劳动报酬要引入竞争机制，打破平均主义，实行多劳多得，合理拉开差距。坚持鼓励一部分地区一部分人通过诚实劳动和合法经营先富起来的政策，提倡先富带动和帮助后富，逐步实现共同富裕。"③ "先富论"成为主导发展方针，旨在突破"贫困陷阱"，实现从温饱水平达到小康水平。从某种意义上讲，"先富论"为建立社

① 《邓小平文选》第三卷，人民出版社 1993 年版，第 374 页。

② 中共中央文献研究室编：《邓小平年谱（1975—1997）》（下），中央文献出版社 2004 版，第 1364 页。

③ 中共中央文献研究室编：《十四大以来重要文献选编》（上），中央文献出版社 2011 年版，第 465 页。

会主义市场经济体制奠定了思想基础，没有这个思想基础，建立社会主义市场经济体制过程中出现的收入差距将引发强大的改革阻力。

20 世纪 90 年代中期，我国关于共同富裕的政策发生了标志性的变化。1995 年 9 月，江泽民在党的十四届五中全会上作了题为《正确处理社会主义现代化建设中的若干重大关系》的讲话，明确指出实现共同富裕是社会主义的根本原则和本质特征，绝不能动摇。要用历史的、辩证的观点，认识和处理地区差距问题，一是要看到各个地区发展不平衡是必须长期的历史的现象。二是要高度重视和采取有效措施正确解决地区差距问题。三是解决地区差距问题需要一个过程。应当把缩小地区差距作为必须长期坚持的重要方针。他明确提出，从"九五"计划开始，要更加重视支持中西部地区经济的发展，逐步加大解决地区差距继续扩大趋势的力度，积极朝着缩小差距的方向努力。[①] 这标志着，地区发展战略从不平衡发展战略开始转向协调发展战略，从"先富"阶段开始转向"共富"阶段。

1997 年 9 月，党的十五大报告提出：坚持和完善按劳分配为主体的多种分配方式，允许一部分地区一部分人先富起来，带动和帮助后富，逐步走向共同富裕；实行按劳分配与按要素分配相结合的分配方式，强调效率优先、兼顾公平；规范收入分配，使收入差距趋向合理，还特别强调防止两极分化。这表明，贫穷不是社会主义，贫富两极分化更不是社会主义。防止贫富两极分化始终是中国在建设社会主义市场经济过程中所面临的最大挑战，实现全体人民共同富裕也始终

---

① 参见《江泽民文选》第一卷，人民出版社 2006 年版，第 466 页。

是中国特色社会主义现代化最重要的标志和目标。

1999 年 6 月 17 日，江泽民在西安主持召开西北地区国有企业改革和发展座谈会上的讲话中，首次公开提出不失时机地实施西部大开发战略。他指出，逐步缩小地区之间的发展差距，实现全国经济社会协调发展，最终达到全体人民共同富裕，是社会主义的本质要求，也是关系我国跨世纪发展全局的一个重大问题。[①]他还特别介绍了邓小平 1998 年提出的"两个大局"战略思想，作为调整地区发展战略的重要依据，赢得了全社会特别是西部地区人民的强烈反响和坚定支持。

2000 年 10 月 11 日，党的十五届五中全会通过《中共中央关于制定国民经济和社会发展第十个五年计划的建议》，把实施西部大开发、促进地区协调发展作为一项战略任务。该建议指出：实施西部大开发战略，加快中西部地区发展，关系经济发展、民族团结、社会稳定，关系地区协调发展和最终实现共同富裕，是实现第三步战略目标的重大举措。[②]第三步战略目标就是基本实现现代化，这也意味着共同富裕是中国实现现代化的内涵要求。

11 月 26 日，国务院发出《关于实施西部大开发若干政策措施的通知》。《通知》提出："力争用五到十年时间，使西部地区基础设施和生态环境建设取得突破性进展，西部开发有一个良好的开局。到二十一世纪中叶，要将西部地区建成一个经济繁荣、社会进步、生活

---

① 参见《江泽民文选》第二卷，人民出版社 2006 年版，第 340 页。

② 参见中共中央文献研究室编：《十五大以来重要文献选编》（中），中央文献出版社 2011 年版，第 496 页。

安定、民族团结、山川秀美的新西部。"①

2002 年，江泽民在党的十六大报告中强调："制定和贯彻党的方针政策，基本着眼点是要代表最广大人民的根本利益，正确反映和兼顾不同方面群众的利益，使全体人民朝着共同富裕的方向稳步前进。"②他提出，到 2020 年全面建设小康社会的目标之一是"城镇人口的比重较大幅度提高，工农差别、城乡差别和地区差别扩大的趋势逐步扭转"。他还特别提道："以共同富裕为目标，扩大中等收入者比重，提高低收入者收入水平。"③

2007 年，胡锦涛在党的十七大报告中提出了"科学发展观"，其核心是"以人为本，树立全面、协调、可持续的科学发展观"，提出："要始终把实现好、维护好、发展好最广大人民的根本利益作为党和国家一切工作的出发点和落脚点，尊重人民主体地位，发挥人民首创精神，保障人民各项权益，走共同富裕道路，促进人的全面发展，做到发展为了人民、发展依靠人民、发展成果由人民共享。"④提出"城乡、区域协调互动发展机制和主体功能区基本形成"，"合理有序的收入分配格局基本形成，中等收入者占多数，绝对贫困现象基本消除"的目标要求⑤，以及"努力使全体人民学有所教、劳有所得、病有所医、老有所养、住有所居，推动建设和谐社会"的要求。首次提出

---

① 中共中央文献研究室编：《十五大以来重要文献选编》（中），中央文献出版社 2011 年版，第 527 页。

②《江泽民文选》第三卷，人民出版社 2006 年版，第 540 页。

③ 同上书，第 543、546 页。

④《胡锦涛文选》第二卷，人民出版社 2016 年版，第 624 页。

⑤ 同上书，第 627、628 页。

"逐步提高居民收入在国民收入分配中的比重，提高劳动报酬在初次分配中的比重"的目标。[1]

2012年，胡锦涛在党的十八大报告中明确提出，必须坚持走共同富裕道路。共同富裕是中国特色社会主义的根本原则。要坚持社会主义基本经济制度和分配制度，调整国民收入分配格局，加大再分配调节力度，着力解决收入分配差距较大问题，使发展成果更多更公平惠及全体人民，朝着共同富裕方向稳步前进。到2020年，基本公共服务均等化总体实现，收入分配差距缩小，中等收入群体持续扩大，扶贫对象大幅减少。社会保障全民覆盖，人人享有基本医疗卫生服务。初次分配和再分配都要兼顾效率和公平，再分配更加注重公平。[2]

由此可知，改革开放后，中国共产党深刻总结正反两方面历史经验，认识到贫穷不是社会主义，打破传统体制束缚，允许一部分人、一部分地区先富起来，推动解放和发展社会生产力。[3]随着中国特色社会主义进入新时代，必然从"先富"发展阶段向"共富"发展阶段转变。

---

[1] 参见《胡锦涛文选》第二卷，人民出版社2016年版，第642、643页。

[2] 参见《胡锦涛文选》第三卷，人民出版社2016年版，第624、626、642页。

[3] 参见习近平：《扎实推动共同富裕》，《求是》2021年第20期。

第 四 节

开启共建共同富裕
社会的新阶段

党的十八大以来，以习近平同志为核心的党中央把逐步实现全体人民共同富裕摆在更加重要的位置上，对共同富裕的理论作出新阐释，对共同富裕战略作出新部署。

2012 年 11 月 15 日，习近平总书记在与中外记者见面会上郑重宣示，"人民对美好生活的向往，就是我们的奋斗目标"，强调要"坚定不移走共同富裕的道路"。党的十八大以来，在以习近平同志为核心的党中央的领导下，近 1 亿人口摆脱绝对贫困，全面建成小康社会，开启了中国共建共同富裕社会的新阶段。

2015 年 10 月，在党的十八届五中全会上，习近平总书记在关于《中共中央关于制定国民经济和社会发展第十三个五年规划的建议》的说明中，首次提出创新、协调、绿色、开放、共享的新发展理念。《建议》以新发展理念为主线进行谋篇布局。新发展理念成为"十三五"乃至更长时期我国发展思路、发展方向、发展着力点的集中体现，也是改革开放 30 多年来我国发展经验的集中体现，反映出我们党对我国发展规律的新认识。① 其中，"共享是中国特色社会主义的本质要求。必须坚持发展为了人民、发展依靠人民、发展成果由人民共享，作出更有效的制度安排，使全体人民在共建共享发展中有更多获得感，增强发展动力，增进人民团结，朝着共同富裕方向稳步前进"②。共享发展的本质就是全体人民共同奋斗、共同建设、共同分享。五大发展之间相互融通、相互融合、相互促进，有着统一的目标。创新发展是发展的动力，协调发展是发展的艺术，绿色发展是发展的模式，开放发展是发展的助力，共享发展是发展的目标。其中，协调发展和共享发展都反映了共同富裕的要求。新发展理念的核心和最终目的是实现人的全面发展。习近平总书记还特别强调，作出更有效的制度安排，使全体人民朝着共同富裕方向稳步前进，绝不能出现"富者累巨万，而贫者食糟糠"的现象。③

党的十九大提出了习近平新时代中国特色社会主义思想，其核心内容和丰富内涵可以总结为"八个明确"和"十四个坚持"。④ 在"八个明确"中，习近平总书记强调，"新时代我国社会主要矛盾是人民日益增长的美好生活需要和不平衡不充分的发展之间的矛盾，必须坚持以人民为中心的发展思想，不断促进人的全面发展、全体人民共同

---

① 参见中共中央文献研究室编：《十八大以来重要文献选编》（中），中央文献出版社 2016 年版，第 774—775 页。

② 中共中央文献研究室编：《十八大以来重要文献选编》（中），中央文献出版社 2016 年版，第 793 页。

③ 参见《求是》杂志编辑部：《新发展阶段促进共同富裕的战略擘画》，《求是》2021 年第 20 期。

④ 2021 年 11 月召开的党的十九届六中全会通过了《中共中央关于党的百年奋斗重大成就和历史经验的决议》，《决议》在党的十九大报告"八个明确"的基础上，用"十个明确"对习近平新时代中国特色社会主义思想的核心内容作了进一步的概括。

富裕"；在"十四个坚持"中，提出"坚持新发展理念""坚持在发展中保障和改善民生"①。这些都包含了共同富裕的要求。

2020年10月，在党的十九届五中全会上，习近平总书记明确指出，"我们推动经济社会发展，归根结底是要实现全体人民共同富裕"，"必须把促进全体人民共同富裕摆在更加重要的位置"。

2021年1月，习近平总书记在省部级主要领导干部学习贯彻党的十九届五中全会精神专题研讨班开班式上的讲话中指出："实现共同富裕不仅是经济问题，而且是关系党的执政基础的重大政治问题。要统筹考虑需要和可能，按照经济社会发展规律循序渐进，自觉主动解决地区差距、城乡差距、收入差距等问题，不断增强人民群众获得感、幸福感、安全感。"②从这个意义上讲，实现共同富裕应当立足经济发展，其目标是为党的长期执政和国家的长治久安打下政治基础。

2021年3月，《政府工作报告》强调："坚持尽力而为、量力而行，加强普惠性、基础性、兜底性民生建设，制定促进共同富裕行动纲要，让发展成果更多更公平惠及全体人民。"③这也意味着实现共同富裕要基于客观条件，明确重点。

2021年8月，习近平总书记在《扎实推动共同富裕》一文中提出了新时代中国共产党完整的系统的共同富裕思想和实施路线图。他

---

① 习近平：《决胜全面建成小康社会，夺取新时代中国特色社会主义伟大胜利——在中国共产党第十九次全国代表大会上的报告》，《人民日报》2017年10月28日。

②《深入学习坚决贯彻党的十九届五中全会精神　确保全面建设社会主义现代化国家开好局》，《人民日报》2021年1月12日。

③ 李克强：《政府工作报告——二〇二一年三月五日在第十三届全国人民代表大会第四次会议上》，《人民日报》2021年3月13日。

明确指出，党的十八大以来，党中央把握发展阶段新变化，把逐步实现全体人民共同富裕摆在更加重要的位置上，推动区域协调发展，采取有力措施保障和改善民生，打赢脱贫攻坚战，全面建成小康社会，为促进共同富裕创造了良好条件。现在，我们正在向第二个百年奋斗目标迈进，已经到了扎实推动共同富裕的历史阶段。适应我国社会主要矛盾的变化，更好满足人民日益增长的美好生活需要，必须把促进全体人民共同富裕作为为人民谋幸福的着力点，不断夯实党长期执政的基础。高质量发展需要高素质劳动者，只有促进共同富裕，提高城乡居民收入，提升人力资本，才能提高全要素生产率，夯实高质量发展的动力基础。他进一步提出，促进共同富裕要把握好四个原则：鼓励勤劳创新致富；坚持基本经济制度；尽力而为量力而行；坚持循序渐进。总的思路是，坚持以人民为中心的发展思想，在高质量发展中促进共同富裕，正确处理效率和公平的关系，构建初次分配、再分配、三次分配协调配套的基础性制度安排，加大税收、社保、转移支付等调节力度并提高精准性，扩大中等收入群体比重，增加低收入群体收入，合理调节高收入，取缔非法收入，形成中间大、两头小的橄榄型分配结构，促进社会公平正义，促进人的全面发展，使全体人民朝着共同富裕目标扎实迈进。[①] 这成为中国实现共建共同富裕社会的务实主义路线。

党的十九届六中全会通过的《中共中央关于党的百年奋斗重大成就和历史经验的决议》进一步强调，中国特色社会主义进入新时代

---

① 参见习近平：《扎实推动共同富裕》，《求是》2021 年第 20 期。

的一个重要体现就是"逐步实现全体人民共同富裕的时代"。《决议》把党的十九大概括的习近平新时代中国特色社会主义思想的核心内容"八个明确"发展为"十个明确"，其中第三个明确是："明确新时代我国社会主要矛盾是人民日益增长的美好生活需要和不平衡不充分的发展之间的矛盾，必须坚持以人民为中心的发展思想，发展全过程人民民主，推动人的全面发展、全体人民共同富裕取得更为明显的实质性进展。"并在论述"十个坚持"中的"坚持人民至上"时明确提出，"坚持发展为了人民、发展依靠人民、发展成果由人民共享，坚定不移走全体人民共同富裕道路"。因此，共同富裕是"坚持人民至上"的具体表现，是确保中国共产党与中国人民保持血肉联系的重要基础，是关系党的执政基础的重大政治问题，是党领导人民在新时代夺取中国特色社会主义更大胜利的重要保障，是 21 世纪马克思主义中国化的重大理论创新与发展成就。

中国共产党坚持对共同富裕理论与社会实践的创新，是对中国特色社会主义现代化理论和实践的重大贡献，为发展中国家实现现代化提供了中国方案和中国经验，具有深远的国际意义。正如习近平总书记所总结的："我国现代化是人口规模巨大的现代化，是全体人民共同富裕的现代化，是物质文明和精神文明相协调的现代化，是人与自然和谐共生的现代化，是走和平发展道路的现代化。"[1] 这也意味着中国式现代化不只是物质文明意义上的现代化，更是以人为本的全面的现代化，这是我国社会主义现代化的伟大创新，实现了对西方资本主

---

[1] 习近平：《把握新发展阶段，贯彻新发展理念，构建新发展格局》，《求是》2021 年第 9 期。

义几百年现代化的全面超越，为 21 世纪人类可持续发展开拓出一条前所未有的共同富裕的现代化新路。

中国进入中等收入水平阶段所面临的挑战和任务就是跨越"中等收入陷阱"。而要防止落入"西方化陷阱"，就要坚持党的领导，保持战略定力，持续探索和创新中国特色发展道路。之所以要关注"中等收入陷阱"，是因为处于中等收入发展阶段的国家，经济发展所依托的社会基础和增长动力发生变化。因此，如果不能有效实现发展转型，经济发展将陷入低迷增长或停滞，社会矛盾的累积也可能成为经济陷入停滞的重要因素。对此，习近平总书记给出了明确的答案。

2014 年 2 月 17 日，习近平总书记在省部级主要领导干部学习贯彻十八届三中全会精神全面深化改革专题研讨班上的讲话中明确提出，我们不仅要防止落入"中等收入陷阱"，也要防止落入"西化分化陷阱"。

2014 年 11 月 10 日，习近平主席在出席亚太经合组织领导人同工商咨询理事会代表对话会时指出："对中国而言，'中等收入陷阱'过是肯定要过去的，关键是什么时候迈过去、迈过去以后如何更好向前发展。我们有信心在改革发展稳定之间，以及稳增长、调结构、惠民生、促改革之间找到平衡点，使中国经济行稳致远。"这意味着跨越"中等收入陷阱"不只是跨越高收入的门槛，更是在跨越这个门槛以后如何实现经济以较高速度持续增长。

跨越"中等收入陷阱"是中国迈向共同富裕的必经发展阶段，进而达到中等发达国家水平，全体人民共同富裕取得明显实质性进展。这为当代世界提供了共同富裕的中国理论、中国实践、中国经验。

中国共产党提出的实现全体人民共同富裕理论有着深刻内涵，主要包括三个重要原则：一是全体人民各尽所能，共同发展经济社会文化生态，共同创造经济社会文化生态财富；二是全体人民各得其所，共同建设、共同帮助、共同富裕；三是全体人民和谐共享，实现人的全面发展和社会的全面进步，共同享有改革发展成果和幸福美好生活。习近平总书记指出："我们要实现 14 亿人共同富裕，必须脚踏实地、久久为功，不是所有人都同时富裕，也不是所有地区都同时达到一个富裕标准，不同人群不仅实现富裕的程度有高有低，时间上也会有先有后，不同地区富裕程度还会存在一定差异，不可能齐头并进。这是一个在动态中向前发展的过程，要持续推动，不断取得成效。"① 这表明，共同富裕不是搞"平均主义"，更不是搞"大锅饭"，而是倡导和激励全体人民劳动致富、创新致富、创业致富，使全体人民获得感、幸福感、安全感更加充实、更有保障、更可持续，使改革开放发展成果更多更公平地惠及全体人民。

习近平总书记还指出："坚持循序渐进。共同富裕是一个长远目标，需要一个过程，不可能一蹴而就，对其长期性、艰巨性、复杂性要有充分估计，办好这件事，等不得，也急不得。一些发达国家工业化搞了几百年，但由于社会制度原因，到现在共同富裕问题仍未解决，贫富悬殊问题反而越来越严重。我们要有耐心，实打实地一件事一件事办好，提高实效。"② 这也表明，实现全体人民共同富裕的宏伟

---

① 习近平：《扎实推动共同富裕》，《求是》2021 年第 20 期。

② 同上。

目标，不是短期任务，而是长期任务，不是"速胜论"，而是"持久战"。首先，要遏制城乡、地区、人群收入差距拉大的趋势；其次，要促进相对收入差距的持续缩小，最终不断缩小绝对收入差距。从时间维度来看，短期目标是，到"十四五"期末全体人民共同富裕迈出坚实步伐，居民收入和实际消费水平差距逐步缩小；长期目标是，到2035年全体人民共同富裕取得更为明显的实质性进展；更长远的目标是，到本世纪中叶全体人民共同富裕基本实现，居民收入和实际消费水平差距缩小到合理区间。[①]

总之，新中国成立以来，中国社会主义现代化的本质就是逐步实现全体人民共同富裕。先是建立了独立的比较完整的工业体系和国民经济体系，进入现代经济增长时期，改变了一穷二白的落后面貌；再是实现了持续高速经济增长，人民生活从温饱不足到总体小康水平，大踏步地赶上来；接着是全面建成惠及14亿多人口的小康社会，实现了第一个百年奋斗目标，开启实现第二个百年奋斗目标新征程，充分彰显了中国共产党领导和社会主义制度的优越性，在中国共产党的领导下，开拓创新了十几亿人民走向共同富裕的人间正道。

---

① 参见习近平：《扎实推动共同富裕》，《求是》2021年第20期。

第 二 章

中国共同富裕的创新实践

　　从中华人民共和国成立以来的社会主义现代化发展实践来看，在不同发展阶段，全体人民在国家经济发展过程中都获得了前所未有的经济社会福利的改善，共同富裕始终是中国共产党执政的基本遵循。但是，共同富裕的实现方式、实现程度和表现形式在不同发展阶段既有所继承，也有所不同。

　　从我国实际情况与国际比较来看，我国先后经历了不同的发展阶段，呈现出社会主义现代化的规律性特征，即从量变到部分质变（阶段性）、再量变到再质变的长期过程。正如党的十九届六中全会《决议》所总结的三个时期，社会主义革命和建设时期、改革开放和社会主义现代化建设新时期、中国特色社会主义新时代，经济社会发展的伟大成就形成了连续的、相互衔接的三次历史性飞跃。[1]在中国历史上以及当代世界发展史上，我们持续创造了经济快速增长、社会长期稳定两大奇迹，全面建成了小康社会。[2]

---

　　[1] 参见《中共中央关于党的百年奋斗重大成就和历史经验的决议》，《人民日报》2021年11月17日。

　　[2] 消除各类贫困是指消除收入贫困、教育贫困、健康贫困、信息贫困、生态贫困等多维贫困。

第 一 节

社会主义革命和建设时期

党的十九届六中全会《决议》指出，社会主义革命和建设时期，党面临的主要任务是，实现从新民主主义到社会主义的转变，进行社会主义革命，推进社会主义建设，为实现中华民族伟大复兴奠定根本政治前提和制度基础。[①]

中华人民共和国成立之初，保卫新生政权、赢得国家独立自主是中国共产党首要的历史任务。这在客观上也要求中国必须在经济极其落后、工业化基础极其薄弱的条件下，开启前所未有的工业化建设，特别是要通过重工业项目建立基础工业体系和国防工业的基础，并且建立社会主义经济制度。

第一，进行土地改革，彻底废除封建土地制度，大大解放了农村生产力，使绝大多数农民拥有了自己的土地，极大地调动了他们的生产积极性，农业前所未有地迅速恢复和发展。到 1952 年，全国粮食总产量比 1945 年增长了 44.8%，也超过了新中国成立前最高产量的

[①] 参见《中共中央关于党的百年奋斗重大成就和历史经验的决议》，《人民日报》2021 年 11 月 17 日。

18.1%，使绝大多数贫困农民直接受益。1953 年农民的净货币收入比 1949 年增长了 123.6%，农民的收入水平增长了 1 倍，农民的留用粮食增长了 28.2%。[①] 这场开天辟地的土地改革第一次解放了数亿农民（农村人口为 4.90 亿人，农业劳动力为 1.73 亿人），堪称中国农民的第一次解放。

新中国成立之后，基尼系数大幅度降低。在经历了连年内外战争、翻天覆地的革命、惠及亿万人民的土地改革与社会主义改造，新中国的初次分配不平等状况大大改观，基尼系数从新中国成立时的 0.56 以上下降至改革开放前的 0.27 上下，[②] 在全世界有数据的国家之中，处于相当低的水平。

第二，提前完成了三大改造任务，在我国消灭了剥削，极大地解放了社会生产力。按不变价格计算，到 1957 年，我国国民生产总值比 1952 年增长了 55.7%，其中，第一产业增长 20.6%，第二产业增长 144.4%，第三产业增长 153.2%，全国居民消费水平增长了 24.5%[③]，建立了社会主义经济基础。

我国在计划经济体制之下，出于加速推进工业化的迫切要求，工业化建设一度出现急躁冒进，并且通过运动式的发展模式导致经济政策背离经济发展规律，发动了"大跃进"、人民公社化运动和"文化

---

① 参见庞松著：《毛泽东时代的中国（1949—1976）》（一），中共党史出版社 2003 年版，第 119 页。

② 王绍光：《共同富裕与四次分配：国际比较及其启示》，《国情报告》2022 年第 4 期。

③ 参见《辉煌 70 年》编写组编：《辉煌 70 年：新中国经济社会发展成就 1949—2019》，中国统计出版社 2019 年版，第 373、377 页。

大革命"，造成了重大的经济政治冲击，居民消费水平出现多次负增长（1959—1961年、1968年、1974年）[①]，经济增长速度明显低于潜在增长率（9%左右）。按不变价格计算，1952—1976年，国内生产总值年平均增速为5.9%[②]，至少损失了3.1个百分点；1952—1978年，城市居民和农村居民人均消费增长率分别为3.0%和1.8%，实际上城乡居民人均消费支出相对差距是扩大的。按现价计算，从1952年的2.37倍扩大至1978年的2.93倍。[③] 在这一时期，广大人民普遍生活在贫困水平或低收入水平之下，1976年全国居民年人均消费水平仅为171元，根本就谈不上富裕，更谈不上共同富裕。总体来说，在计划经济时期，全国居民消费支出水平相对于以往历史阶段还是明显得到了提升，按不变价格计算，比1952年增长了65.6%。[④]

在这一时期，尽管经济领域的平均主义对经济发展产生负面作用，但是在社会领域促进公平方面取得前所未有的巨大进步，为人民创造公平发展的机会，也为改革开放创造了人力资本红利。例如，我国大力发展教育、扫除青壮年文盲和建立农村合作医疗等制度，不仅促进了社会公平正义，体现了社会主义制度的优越性，还为改革开放

---

① 参见《辉煌70年》编写组编：《辉煌70年：新中国经济社会发展成就1949—2019》，中国统计出版社2019年版，第377页。

② 同上。

③ 同上。

④ 同上。

以后经济实现快速增长奠定了人力资本基础。[①]

　　总体来看，1949—1978 年是我国发展的极低收入阶段，人均 GDP 从 1952 年的 119 元上升至 1978 年的 385 元[②]，经济发展虽然低于潜在增速，但还是取得显著进步。按购买力平价（PPP）2017 年国际元计算[③]，则从 212 国际元上升至 600 国际元，增长了 2.83 倍，年均增速为 4.1%，明显高于同期印度的 1.7%[④]；国家财政收入能力大幅度提高，一般公共预算收入占 GDP 的比重从 1952 年的 25.6% 提高至 1978 年的 30.8%[⑤]，不仅有利于推动国家工业化，更有利于对全体人民进行人力资本投资。1949 年以前，中国是一个文盲充斥的人口大国，全国 90% 的人口是文盲、半文盲，城市学龄儿童入学率只有 20% 左右。据估计，1950 年，全国 15 岁以上人口平均受教育年限仅为 1.0 年左右。由于全国范围大力开展扫盲运动，加速发展小学、初中教育以及高中、大学教育，小学学龄儿童净入学率从 1949 年的 25.0% 提高至 1978 年的 94.0%，初中阶段毛入学率从 3% 提高至 50% 以上。根

---

　　① 1952 年，中央人民政府扫除文盲工作委员会成立。1956 年，全国扫除文盲协会成立。1956 年，中共中央、国务院发布的关于扫除文盲的决定指出：扫除文盲是我国文化上的一个大革命，也是国家进行社会主义建设中的一项极为重大的政治任务。

　　② 参见《辉煌 70 年》编写组编：《辉煌 70 年：新中国经济社会发展成就 1949—2019》，中国统计出版社 2019 年版，第 373 页。

　　③ 本文采用购买力平价进行国际比较的主要依据是：联合国、欧盟委员会、经济合作与发展组织（OECD）、国际货币基金组织、世界银行五大机构明确要求国际比较（ICP）按照购买力平价方法（PPP，不变价国际元）。联合国等编：《2008 国民账户体系》中文版，中国统计出版社 2012 年版，第 6 页。

　　④ 参见［英］安格斯·麦迪森著：《中国经济的长期表现：公元 960—2030 年》，伍晓鹰、马德斌译，上海人民出版社 2008 年版，第 59 页。

　　⑤ 参见《辉煌 70 年》编写组编：《辉煌 70 年：新中国经济社会发展成就 1949—2019》，中国统计出版社 2019 年版，第 361、379 页。

据安格斯·麦迪森估计，15—64 岁人口平均受教育年限从 1950 年的 1.6 年上升至 1973 年的 4.09 年，年均增速为 4.2%。1952—1978 年，教育要素投入年均增速高达 4.49%，高于同期日本的 1.19%，这与 1952 年日本人均教育水平大大高于中国有关，相当于中国人均水平的 5 倍以上。[①] 据估计，全国 15 岁以上人口平均受教育年限从 1950 年的 1.0 年上升至 1978 年的 4.8 年，增长了 4.8 倍，年均增速高达 5.8%，明显超过人均 GDP 增速（4.1%），创下了中国及世界历史的纪录；人均预期寿命从新中国成立前的 35 岁上升至 1978 年的 65.9 岁（见表 2-1），远高于印度的 52.8 岁，也高于世界平均水平（62.2 岁），创下了中国和世界人均预期寿命提高的历史纪录。这一伟大成就充分反映了社会主义制度的优越性与社会公平的普遍性，为改革开放奠定了最重要的人力资本（特别是教育和健康）基础。

实践表明，建立社会主义制度，使中国开辟了一条通向共同富裕的道路。中国人民从此站起来，创造了一个比现代历史上任何时期都更为公平的社会，广大人民群众特别是工人、农民群众获得社会主人的地位。[②] 这是中国走向共同富裕的第一步，即消除政治不平等、社会不平等的制度奠基时代。[③]

---

① 参见［英］安格斯·麦迪森著：《中国经济的长期表现：公元 960—2030 年》，伍晓鹰、马德斌译，上海人民出版社 2008 年版，第 64、66、68 页。

② 参见胡鞍钢著：《中国政治经济史论（1949—1976）》，清华大学出版社 2008 年版，第 534 页。

③ 参见胡鞍钢、鄢一龙、魏星著：《2030 中国：迈向共同富裕》，中国人民大学出版社 2012 年版，第 131 页。

表 2-1 中国主要发展指标（1952—2020 年）

年份	人类发展指数	人均GDP（元）	人均GDP（2017年国际元）	人均受教育年限（年）	人均预期受教育年限（年）	人均预期寿命（岁）
1952年		119（1.0）	212	1.0（1950）		41
1978年		385（2.82）	600	4.8		65.9
1990年	0.501	1663（6.71）	1424	6.4	8.8	68.6
2000年	0.591	7942（16.26）	3452	7.9	9.6	71.4
2010年	0.702	30808（41.85）	8885	9.9	12.9	74.8
2020年	0.765	72000（76.84）	16411	10.8	14.1	77.5

数据来源：

人均 GDP（元）：国家统计局网站，括号内数据系以 1952 年为 1.0 倍。

人均 GDP（2017 年国际元）：世界银行网站，其中 1952 年、1978 年数据系作者推算。

人类发展指数、人均预期受教育年限：1990—2020 年数据来自联合国开发计划署（UNDP）网站。

人均预期寿命、人均受教育年限：1990—2020 年数据来自全国历次人口普查数据。

其余数据系作者测算。

总之，以毛泽东同志为主要代表的中国共产党人"为实现中华民族伟大复兴奠定根本政治前提和制度基础"，"实现了中华民族有史以来最为广泛而深刻的社会变革，实现了一穷二白、人口众多的东方大国大步迈进社会主义社会的大飞跃"[1]。在社会主义革命和建设时期，毛泽东在探索社会主义发展规律的理论和实践方面，不仅给世人留下了宝贵的历史经验，而且也包括深刻的历史教训。对此，1981年6月，党的十一届六中全会通过的《关于建国以来党的若干历史问题的决议》，实事求是地评价了毛泽东在中国革命中的历史地位，充分肯定了毛泽东思想作为我们党的指导思想的伟大意义，特别是肯定了党的十一届三中全会以来逐步确立适合我国情况的建设社会主义现代化强国的正确道路，进一步指明了我国社会事业和党的工作继续前进的方向，开启继续探索创新中国特色社会主义道路的新阶段，逐步为实现共同富裕奠定了社会主义制度基础、经济基础、社会基础。

第 二 节

改革开放和社会主义
现代化建设新时期

党的十九届六中全会《决议》指出，改革开放和社会主义现代化建设新时期，党面临的主要任务是，继续探索中国建设社会主义的正

---

[1]《中共中央关于党的百年奋斗重大成就和历史经验的决议》，《人民日报》2021年11月17日。

确道路，解放和发展社会生产力，使人民摆脱贫困、尽快富裕起来，为实现中华民族伟大复兴提供充满新的活力的体制保证和快速发展的物质条件。[①]

改革开放之初，我国的基本国情仍是人口多、底子薄，人均国民生产总值仍居于世界后列。[②]1978 年，我国人均国民总收入为 200 美元（现价），仅相当于世界平均人均水平（1929 美元）的 10.4%，在世界 188 个国家和地区中排第 175 位，处在世界最后的 6.9% 的位置上[③]。中国人口占世界人口的 22.3%[④]，中国是世界上农村人口最多的国家，农村人口达到 7.90 亿人，占世界比重为 29.8%，相当于印度占世界比重（为 19.7%）的 1.52 倍[⑤]。中国还是世界上贫困人口最多的国家，按每人每日消费支出小于 1.90 国际元的国际贫困线低标准，1981 年中国贫困发生率为 88.3%，贫困人口高达 8.84 亿人，占世界贫困人口的 46.45%[⑥]，远远高于中国人口占世界人口的比重。这是改革开放之初中国最大的基本国情，也是中国社会主义现代化最大的初始条件和制约条件。

为此，首先要突破"贫困陷阱"，开启"先富起来"的时代。这

---

① 参见《中共中央关于党的百年奋斗重大成就和历史经验的决议》，《人民日报》2021 年 11 月 17 日。

② 参见中共中央文献研究室编：《十三大以来重要文献选编》（上），人民出版社 1991 年版，第 10 页。

③ 参见国家统计局编：《中国统计摘要 2021》，中国统计出版社 2021 年版，第 208 页。

④ 世界银行数据库。

⑤ 根据世界银行数据库数据计算。

⑥ 根据世界银行数据库数据计算。

就决定了中国基本国策：一是实行计划生育，控制总人口快速增长[①]，否则就不能提升资本积累速度；二是实行家庭联产承包责任制的农村改革，大幅度消减农村绝对贫困人口；三是投资人民教育和卫生健康事业，提高全体人民人力资本水平；四是为占世界 1/4 以上的城乡劳动力人口创造就业岗位；五是对外开放，融入世界经济，发展劳动密集型产业，充分发挥劳动力资源优势，扩大出口，提高国际竞争力。

改革开放新时期的最大成就是减少绝大多数农村贫困人口。作为贫困人口大国，中国如何破解"贫困陷阱"这一世界性发展难题，国际社会的发展经验并没有给我们提供现成的答案和路径。正是基于深刻总结新中国成立以来正反两方面历史经验，邓小平明确指出，贫穷不是社会主义，社会主义要消灭贫穷。他根据中国处于低收入阶段的基本国情，创造性地提出了"先富"的发展策略，即让一部分人先富起来，先富带动后富，最终实现共同富裕。通过不平衡发展战略加快做大"蛋糕"，以突破"贫困陷阱"。为此，1984 年召开的党的十二届三中全会明确提出，"鼓励一部分人先富裕起来的政策，是符合社会主义发展规律的，是整个社会走向富裕的必由之路"[②]。

改革开放之初，我国经济体制改革首先在占全国总人口 80% 以上的农村取得了巨大成就。全面推行了家庭联产承包责任制，激发了

---

① 1982 年党的十二大报告指出："在我国经济和社会的发展中，人口问题始终是极为重要的问题。实行计划生育，是我国的一项基本国策。到本世纪末，必须力争把我国人口控制在十二亿以内。我国人口现在正值生育高峰，人口增长过快，不但将影响人均收入的提高，而且粮食和住宅的供应、教育和劳动就业需要的满足，都将成为严重的问题，甚至可能影响社会的安定。"参见中共中央文献研究室编：《十二大以来重要文献选编》（上），中央文献出版社 2011 年版，第 16 页。

② 中共中央文献研究室编：《十二大以来重要文献选编》（中），中央文献出版社 2011 年版，第 64 页。

8亿农民巨大的生产积极性，在所有低收入国家中率先突破"贫困陷阱"，为发展中国家提供了最有效的发展途径和中国经验。

第一，农业持续增长，从1978年到1990年，农业增加值增长了90.7%，年均增速高达5.5%，既创下了中国历史纪录，也明显超过了同期世界农业增加值（2015年美元价格）增速（3.5%），中国占世界农业增加值比重从1978年的17.0%提高至1990年的20.3%[1]，而中国农业用地面积占世界比重仅从1978年的10.6%提高至1990年的12.4%，[2]中国内河水资源占世界比重从7.4%下降到6.6%。[3]

第二，全国人均粮食产量从317公斤提高至390公斤，农村人均可支配收入从133.6元提高至686.3元，按不变价格计算实际增长了2.7倍，年均增速为8.6%，创下了中国历史纪录，也创下了世界纪录。

第三，全国农村贫困人口及贫困发生率大幅度下降。按1978年我国农村贫困标准，全国农村贫困人口从1978年的2.5亿下降至1990年的8500万，贫困发生率从30.7%降至9.4%。[4]按世界银行每人每日消费支出小于1.90国际元的国际贫困线低标准，到1990年，我国贫困发生率下降至66.6%，国际贫困线人口从1981年的8.84亿人减少至7.61亿，占世界比重从1981年的46.45%降至41.16%[5]。需要指出的是，从1978年到1990年，我国仅花了12年时间，基本解

---

① 根据世界银行数据库数据计算。

② 根据世界银行数据库数据计算。

③ 根据世界银行数据库数据计算。

④ 参见国家统计局编：《中国统计摘要 2021》，中国统计出版社 2021 年版，第 69 页。

⑤ 世界银行数据库。

决了 8.4 亿农村人口（我国农村人口占世界人口的比重高达 27.8%）的温饱问题，供养了 11.4 亿总人口，占世界总人口的 21.5%。[①]

这堪称土地改革之后中国农民的第二次解放。当中国农村改革取得巨大成功之际，邓小平鲜明地提出了"共同富裕"的目标。1990年，邓小平明确指出："社会主义不是少数人富起来、大多数人穷，不是那个样子。社会主义最大的优越性就是共同富裕，这是体现社会主义本质的一个东西。"[②]

1992年初，邓小平在南方谈话中进一步指出："社会主义的本质，是解放生产力，发展生产力，消灭剥削，消除两极分化，最终达到共同富裕。"这是社会主义现代化与资本主义现代化最大的区别。邓小平特别指出："走社会主义道路，就是要逐步实现共同富裕。"[③] 为此，中国必须分阶段、分步骤实现共同富裕，还要分地区、分城乡、分人群"分类指导"。

由此，邓小平创造性地提出了实现共同富裕的路线图，即"分两步走"：第一步是"先富"，"让一部分人先富起来"；第二步是"共同富裕"，"先富带动后富，最终达到共同富裕。"

中国在社会主义初级阶段的现代化发展形成了相互衔接、重点不同的发展阶段。1978—2001 年是以"先富"为主题的阶段，也是实现基本达到小康水平的阶段，以不平衡发展战略为引导。如果没有

---

① 世界银行数据库。

②《邓小平文选》第三卷，人民出版社 1993 年版，第 364 页。

③ 同上书，第 373 页。

"先富"，拥有 10 亿以上人口的中国在低收入条件下就很难突破"贫困陷阱"，只有突破"贫困陷阱"，解决了温饱问题，才能逐步走向"共同富裕"阶段。

到 2000 年，中国提前实现了邓小平提出的国民生产总值翻两番的战略目标。按不变价格计算，2000 年，我国 GDP 相当于 1980 年的 6.55 倍，人均 GDP（2017 年国际元）从 1980 年的 679 国际元上升至 2000 年的 3452 国际元，相当于 1980 年的 5.08 倍。[①] 从国际视角来看，中国从低收入阶段进入下中等收入阶段，人民生活总体上实现了由贫困到温饱再到小康水平的历史性跨越，全国居民人均消费支出相当于 1980 年的 3.49 倍，农村居民家庭恩格尔系数从 1978 年的 67.7%（绝对贫困型）下降至 2000 年的 49.1%（温饱型），城镇居民家庭恩格尔系数从 57.5%（温饱型）下降至 39.2%（小康型）。[②] 人均受教育年限从 1981 年的不足 5 年提高至 2000 年的 7.9 年，人均预期寿命从 1978 年的 65.9 岁提高至 2000 年的 71.4 岁，人类发展指数（HDI）达到 0.591，实现了从低人类发展水平到中等人类发展水平的跨越。特别值得一提的是，我国创造了世界最大规模的新增就业人口，1978—2000 年，全国总就业人数从 40152 万人上升至 72085 万人，增加了 31933 万人，平均每年新增 1452 万人，相当于世界新增就业人数的 1/3。

2000 年，中国开始进入全面建设小康社会阶段。我国人民生活

① 根据世界银行数据库数据计算。

② 参见国家统计局编：《中国统计摘要 2002》，中国统计出版社 2002 年版，第 91 页。

在总体上实现了由温饱到小康的历史性跨越之后，2002 年 11 月，党的十六大明确提出，到 2020 年，全面建设惠及十几亿人口的更高水平的小康社会目标。其中提出"以共同富裕为目标，扩大中等收入者比重，提高低收入者收入水平"。这标志着我国在基本达到小康水平第二步现代化目标之后，开始从"先富"逐步走向"共同富裕"新阶段。

到 2006 年，中国已经步入中等收入国家行列。我国人均国内生产总值已经突破了 2000 美元（现价），按 2017 年国际元已接近 6000 国际元，接近世界中低收入国家平均水平（6500 国际元），但明显低于世界中高收入国家的平均水平（9900 国际元）[1]，城乡居民恩格尔系数分别下降至 35.8% 和 43.0%。

2007 年 10 月，党的十七大提出"以人为本"的科学发展观，坚持全面协调可持续发展，明确提出，到 2020 年，合理有序的收入分配格局基本形成，中等收入者占多数，绝对贫困现象基本消除，人民富裕程度普遍提高；着力提高低收入者收入，逐步提高扶贫标准和最低工资标准，逐步扭转收入分配差距扩大趋势等目标。再次对 2020 年全面建设小康社会目标体系进行设计，提出实现人均国内生产总值到 2020 年比 2000 年翻两番的新目标，全面建设小康社会必须是共同富裕的社会，中等收入者比重必须占多数，超过 50%（相当于 7 亿人、2.5 亿户家庭），努力使越来越多的低收入者转变为中等收入者。[2]

---

[1] 世界银行数据库。

[2] 参见本书编写组：《十七大报告辅导读本》，人民出版社 2007 年版，第 86—87 页。

到了 2010 年，我国国民生产总值和城乡居民人均收入比 2000 年翻了一番，人均 GDP 达到 8885 国际元，进入中高收入阶段，人类发展指数达到 0.702，从中人类发展水平进入高人类发展水平，人均预期寿命达到 74.8 岁，已高于中高收入国家的人均预期寿命（73.5 岁）；我国常住人口城镇化率已接近 50%（为 49.95%）。按 2010 年农村贫困标准，农村贫困人口已经从 2000 年的 46224 万人减少至 16567 万人，为在 2020 年全面建成惠及 14 亿人口的小康社会创造了更高水平的有利条件。

第 三 节

中国特色社会主义新时代

党的十九届六中全会《决议》指出，党的十八大以来，中国特色社会主义进入新时代。党面临的主要任务是，实现第一个百年奋斗目标，开启实现第二个百年奋斗目标新征程，朝着实现中华民族伟大复兴的宏伟目标继续前进。[1]

党的十八大以来，中国特色社会主义进入新时代，党的理论创新

---

[1] 参见《中共中央关于党的百年奋斗重大成就和历史经验的决议》，《人民日报》2021 年 11 月 17 日。

与治国理政的实践创新成为重要特征，其中推进共同富裕成为这一阶段的重大发展任务。[①] 从这个意义上讲，中国特色社会主义新时代就是"逐步实现全体人民共同富裕的时代"。

2012 年 11 月 17 日，习近平总书记在十八届中央政治局第一次集体学习时的讲话中明确提出，共同富裕是中国特色社会主义的根本原则，所以必须使发展成果更多更公平惠及全体人民，朝着共同富裕方向稳步前进。[②]

2015 年 10 月，习近平总书记在党的十八届五中全会上明确提出新发展理念，其中包括共享理念。他强调，共享是中国特色社会主义的本质要求。必须坚持发展为了人民、发展依靠人民、发展成果由人民共享，作出更有效的制度安排，使全体人民在共建共享发展中有更多获得感，增强发展动力，增进人民团结，朝着共同富裕方向稳步前进。[③] 他还在中央召开的党外人士座谈会上的讲话中进一步指出："广大人民群众共享改革发展成果，是社会主义的本质要求，是我们党坚持全心全意为人民服务根本宗旨的重要体现。我们追求的发展是造福人民的发展，我们追求的富裕是全体人民共同富裕。改革发展搞得成功不成功，最终的判断标准是人民是不是共同享受到了改革发展

[①] 2030 年的中国社会就是一个共同富裕社会，也是一个大同世界。它包括以下三个方面的内容：一是中国的共同富裕社会；二是中国与世界共同繁荣；三是人与自然共生共荣。参见胡鞍钢、鄢一龙、魏星著：《2030 中国：迈向共同富裕》，中国人民大学出版社 2011 年版，第 11—13 页。

[②] 参见《习近平谈治国理政》第一卷，外文出版社 2018 年版，第 13 页。

[③] 参见中共中央文献研究室编：《十八大以来重要文献选编》（中），中央文献出版社 2016 年版，第 793 页。

成果。"①

2016 年 5 月，习近平总书记在主持召开中央财经领导小组第十三次会议时明确指出，扩大中等收入群体，关系全面建成小康社会目标的实现，是转方式调结构的必然要求，是维护社会和谐稳定、国家长治久安的必然要求。②

到 2020 年，我国已经成为世界最大的中高收入国家、高人类发展水平国家。2020 年，我国人均 GDP 达到 7.2 万元，按不变价格计算相当于 1952 年的 76.84 倍，相当于 2000 年的 4.73 倍；按 2017 年国际元，我国人均 GDP 达到 16411 国际元，已接近世界中高收入国家平均水平（17137 国际元），相当于美国人均 GDP（60163 国际元）的 27.3%；人类发展指数达到 0.765，已属于世界高人类发展水平；人均受教育年限达到 10.8 年；人均预期寿命达到 77.5 岁，高于中高收入国家平均水平（75.9 岁），明显高于世界平均水平（72.7 岁）。③

到 2020 年，我国已成为拥有世界最大规模中等收入群体的国家。国家统计局确定的我国中等收入群体标准是平均每年每个三口之家，年收入在 10 万—50 万元，相当于人均 3.3 万—16.5 万元。为了便于进行国际比较与历史比较，根据世界银行按购买力平价（PPP）每人每日收入在 10—100 国际元，定义为中等收入群体。根据购买力平价

---

① 《中共中央召开党外人士座谈会　习近平主持并发表重要讲话》，《人民日报》2015 年 10 月 31 日。

② 参见《坚定不移推进供给侧结构性改革　在发展中不断扩大中等收入群体》，《人民日报》2016 年 5 月 17 日。

③ 世界银行数据库。

转换因子 4.225 计算①，2020 年，我国居民人均每日收入达到 20.9 国际元，其中城乡人均可支配收入每人每日分别达到 28.4 国际元和 11.1 国际元，已经进入国际中等收入门槛，是全面建成小康社会的国际标志。若按五等份分组的全国人均可支配收入划分，20% 的高收入户人均可支配收入每日为 52.1 国际元，20% 的中间偏上户为 26.7 国际元，20% 的中间收入户为 17.0 国际元，20% 的中间偏下户为 10.7 国际元，4 类群体占总人口的 80%，共计 11.29 亿人；20% 的低收入户为 5.1 国际元，共计 2.82 亿人。居民人均可支配收入从 2015 年"六四开"发展到 2020 年"八二开"的新格局（见表 2-2）。预计到 2030 年，20% 的低收入户人均可支配收入（包括转移支付）增长翻一番，就可达到每人每日 10 国际元以上，从目前的"八二开"转变为全体人口进入中等收入的新格局。但是按五等份分组，我国居民人均可支配收入仍然有较大差距。

表 2-2　按五等份分组的居民人均可支配收入（2015 年、2020 年）

	2015 年人均可支配收入（人民币，元）	2015 年人均每日可支配收入（国际元/日）	2020 年人均可支配收入（人民币，元）	2020 年人均每日可支配收入（国际元/日）
全国居民	21966	14.9	32189	20.9
低收入户（20%）	5221	3.6	7869	5.1

---

① 世界银行数据库。

续表

	2015 年人均可支配收入（人民币，元）	2015 年人均每日可支配收入（国际元/日）	2020 年人均可支配收入（人民币，元）	2020 年人均每日可支配收入（国际元/日）
中间偏下户（20%）	11894	8.1	16443	10.7
中间收入户（20%）	19320	13.1	26249	17.0
中间偏上户（20%）	29437	20.0	41171	26.7
高收入户（20%）	54543	37.1	80294	52.1

人均可支配收入（人民币，元）的数据来源：中国统计局编：《中国统计摘要2021》，中国统计出版社2021年版，第59页。

人均每日可支配收入（国际元）系按私人消费PPP转换因子（国际元）计算，2015年为4.027，2020年为4.225。数据来源：世界银行数据库。

目前，我国城乡居民实际消费水平和消费福利已经达到中等收入水平。到2020年，城乡居民家庭恩格尔系数分别下降至27.6%和30.0%，属于富裕型消费结构。最具历史意义和世界意义的是，我国彻底减少了千百年来的数亿绝对贫困人口[1]，提前10年实现了联合国提出的2030年可持续发展目标（SDG）关于消除贫困的首要目标。此外，基本医疗保险覆盖超过13亿人，养老保险覆盖近10亿人，构建了世界最大规模的、最具社会主义因素并惠及14亿人口的全面小康社会。由此证明社会主义制度是能够在相对短的时间内彻底消除绝对贫困，还将实现从让少数人先富裕起来到多数人富裕起来，最终

---

[1] 按我国现行农村贫困标准，2000年的46224万农村贫困人口，到2020年全部脱贫。

全体人民富裕起来的历史性跨越。这就为我国未来（2021—2035 年）实现共同富裕奠定了更坚实的发展基础。

在以习近平同志为核心的党中央领导下，到 2020 年，中国完成了脱贫攻坚任务，历史性地解决了绝对贫困问题，实现全面建成小康社会的宏伟目标，这本身也是实践共同富裕的发展道路。

第一，减少了各类国家贫困线标准的贫困人口。改革开放之初，按 1978 年农村贫困线标准，我国农村贫困人口为 2.5 亿人，贫困发生率为 30.7%，到 2000 年减少至 3209 万人，贫困发生率下降至 3.5%。按 2010 年贫困线标准，2000 年农村贫困人口仍高达 46224 万人，到 2010 年减少至 16567 万人，经过脱贫攻坚战，到 2020 年全部脱贫（见表 2-3）。根据中国政府公布的数据，建档立卡的农村贫困人口人均纯收入，从 2015 年的 2982 元提高到 2020 年的 10740 元，名义增长 3.60 倍。按世界银行数据库提供的私人消费购买力因子分别为 4.027 和 4.225，相当于每人每日收入从 2.0 国际元提高到 7.0 国际元，已经高于国际贫困线高标准（每人每日支出 5.50 国际元）。农村低保平均标准，从 2012 年的每人每年 2068 元提高到 2020 年的 5842 元[①]，名义增长 2.82 倍。按世界银行数据库提供的私人消费购买力因子分别为 3.665 和 4.176，相当于每人每日低保标准从 1.55 国际元提高到 3.84 国际元，已经高于国际贫困线中标准（每人每日支出 3.20 国际元）。这标志着到 2020 年，"中国现行标准下农村贫困人口已经全部脱贫，贫困县已经全部摘帽，近 1 亿农村贫困人口实现脱贫，为全球

---

① 参见中共国家乡村振兴局党组：《人类减贫史上的伟大奇迹》，《求是》2021 年第 4 期。

减贫事业作出重大贡献。中国将继续巩固和拓展脱贫攻坚成果，扎实推进共同富裕，不断提升民生福祉水平"①。

表2-3　中国农村贫困状况（1978—2019年）

年份	1978年标准		2010年标准	
	贫困人口（万人）	贫困发生率（%）	贫困人口（万人）	贫困发生率（%）
1978年	25000	30.7	77039	97.5
1980年	22000	26.8	76542	96.2
1985年	12500	14.8	66101	78.3
1990年	8500	9.4	65849	73.5
1995年	6540	7.1	55463	60.5
2000年	3209	3.5	46224	49.8
2005年	2365	2.5	28662	30.2
2010年			16567	17.2
2015年			5575	5.7
2016年			4335	4.5
2017年			3046	3.1

① 《习近平向人类减贫经验国际论坛致贺信》，《人民日报》2020年12月15日。

续表

年份	1978 年标准		2010 年标准	
	贫困人口（万人）	贫困发生率（%）	贫困人口（万人）	贫困发生率（%）
2018 年			1660	1.7
2019 年			551	0.6

数据来源：国家统计局编：《中国统计摘要 2021》，中国统计出版社 2021 版，第 69 页。

第二，我国减少了各类国际贫困线标准的贫困人口，极大地促进了全球绝对贫困人口大幅度减少，具有世界意义。根据世界银行公布的数据，按国际贫困线低标准（每人每日消费支出不足 1.90 国际元），1981 年，我国贫困发生率高达 88.3%，到 1999 年下降至 40.5%，减少了 47.8 个百分点，绝对贫困人口从 88384 万人减少至 50994 万人，比 1981 年减少了 37390 万人。到 2016 年，我国贫困人口减少至 691 万人，贫困发生率下降至 0.5%。中国贫困人口占世界贫困人口的比重也从 1981 年的 46.45% 下降至 2016 年的 0.1%。世界贫困人口从 1981 年的 19.03 亿人减少至 2016 年的 7.20 亿人，共计减少了 11.83 亿人，其中，中国累计减少了 8.77 亿人，贡献率高达 74.1%（见表 2-4）。

表 2-4　中国与世界贫困人口状况比较（1981—2016 年）

年份	中国		世界		中国贫困人口占世界比重（%）
	贫困人口（万人）	贫困发生率（%）	贫困人口（万人）	贫困发生率（%）	
1981 年	88383.59	88.3	190292.74	42.15	46.45
1984 年	79060.86	75.8	185859.60	39.06	42.54
1987 年	66498.12	60.8	174581.47	34.81	38.09
1990 年	76122.91	66.6	184959.86	35.01	41.16
1993 年	67554.69	57.0	185460.13	33.49	36.43
1996 年	51464.57	42.1	166595.80	28.78	30.89
1999 年	50993.64	40.5	169218.92	28.04	30.13
2002 年	41040.73	32.0	158750.77	25.3	25.85
2005 年	24516.75	18.8	132689.36	20.37	18.48
2008 年	19455.49	14.7	120500.53	17.83	16.15
2010 年	14991.37	11.2	107732.52	15.56	13.92
2013 年	2517.33	1.85	76640.66	10.68	3.28
2015 年	962.23	0.70	72834.3	9.9	1.32
2016 年	691.36	0.5	72012.8	9.7	0.10
1981—2016 年变化量	-87692.23	-87.6	-118279.94	-32.45	-45.35

国际贫困线低标准为 1.90 国际元 / 日。

数据来源：世界银行数据库。

根据世界银行公布的数据，按国际贫困线中标准（每人每日消费支出不足 3.20 国际元），1990 年，我国贫困发生率高达 90.0%，到 2016 年下降至 5.4%，减少了 84.6 个百分点，平均每年下降 3.3 个百分点，贫困人口从 102900 万人减少至 7467 万人，比 1990 年减少 93277 万人，平均每年减少 3588 万人。中国贫困人口占世界贫困人口的比重也从 1990 年 35.3% 下降至 2016 年的 4.0%，累计下降 31.3 个百分点，平均每年下降 1.2 个百分点。同期世界贫困人口总数从 1990 年的 29.19 亿人减少至 2016 年的 18.86 亿人，共计减少 10.33 亿人，其中，中国共计减少 9.33 亿人，贡献率高达 90.3%（见表 2-5）。党的十八大以后，消除绝对贫困成为民生发展的重点任务。全国贫困地区农村居民人均可支配收入，从 2013 年的 6079 元增长到 2020 年的 12588 元，年均增长 11.6%，主要是贫困人口的工资性收入和经营性收入占比逐年上升[1]，这表明贫困地区农村居民不是靠"输血"，是主要靠自己的辛勤劳动摆脱贫困致富。从国际比较看，按购买力平价（PPP）因子计算[2]，相当于从每人每日 4.3 国际元提高至 8.1 国际元，已经超过了国际贫困线高标准（每人每日消费支出不足 5.5 国际元）。

到 2020 年，中国基本上消除了三类国际贫困线标准的人口。这向全世界表明，只有中国特色社会主义才能用 30 年（1990—2020 年）的时间彻底消除绝对贫困，为人类消除绝对贫困作出重大贡献，并载入世界发展史册。

---

① 参见国务院新闻办公室：《人类减贫的中国实践》，《人民日报》2021 年 4 月 7 日。

② 2013 年和 2020 年分别为 3.838、4.225。数据来源：世界银行数据库。PPP 因子，即私人消费（每一国际元的本币单位）。

表2-5　中国与世界绝对贫困人口状况比较（1990—2016年）

年份	中国		世界		中国绝对贫困人口占世界比重（%）
	绝对贫困人口（万人）	贫困发生率（%）	绝对贫困人口（万人）	贫困发生率（%）	
1990年	102899.7	90.0	291897.6	55.2	35.3
1993年	98843.2	83.4	302757.0	54.6	32.6
1996年	89221.6	72.9	299704.9	51.7	29.8
1999年	85911.8	68.3	305674.6	50.6	28.1
2002年	74117.4	57.7	295788.0	47.1	25.1
2005年	56486.6	43.2	275144.0	42.2	20.5
2008年	45949.5	34.6	259137.8	38.3	17.7
2010年	38215.9	28.5	244041.6	35.2	15.7
2013年	16464.7	12.1	206928.0	28.8	8.0
2015年	9622.3	7.0	192753.4	26.2	5.0
2016年	7466.6	5.4	188569.6	25.4	4.0
1990—2016年变化量	-93277.4	-83.0	-103328	-29.8	-31.3

国际贫困线中标准为3.2国际元/日。
数据来源：世界银行数据库。

　　除了减少各类收入贫困人口之外，我国农村还减少了其他类型的贫困人口。一是减少了饮用水不安全人口。根据水利部公布的数据，"十三五"规划实施以来，中央累计投入农村饮水资金 265 亿元，2016—2019 年，平均每年巩固提升饮水安全人口约 5700 万人。到 2020 年 6 月底，全国贫困人口饮水安全问题得到全面解决。二是减少了教育贫困人口。落实义务教育保障制度，消除教育贫困。自 2006 年起，对农村学生实行免学杂费、免费提供教科书和对家庭经济困难寄宿生补贴生活费的政策（"两免一补"）。到 2020 年 8 月，"两免一补"已覆盖全国农村，贫困地区义务教育阶段辍学现象基本消除。三是减少了健康贫困人口。建立健全贫困人口基本医疗保障制度，群众因病致贫返贫的问题得到有效解决。2019 年全面取消贫困人口大病报销封顶线。2016—2019 年，贫困人口医疗费用自付比例由 43% 下降至 10% 左右。四是减少了居住贫困人口。2017 年起，深度贫困地区农村危房改造的户均补助标准提高到 1.6 万元。党的十八大以来，累计有 790 万户、2568 万贫困人口告别泥草房、土坯房等危房，住上了安全住房，同时，支持农村低保户、分散供养特困人员、困难残疾人家庭等共 1075 万户改造危房。[1]

2021 年 7 月 1 日，在中国共产党成立 100 周年之际，习近平总书记正式向全国、全世界宣告：经过全党全国各族人民持续奋斗，我们实现了第一个百年奋斗目标，在中华大地上全面建成了小康社会，历史性地解决了绝对贫困问题，正在意气风发向着全面建成社会主义现代化强国的第二个百年奋斗目标迈进。[2]

---

① 参见陈锡文、韩俊主编：《中国脱贫攻坚的实践与经验》，人民出版社 2021 年版，第 2—3 页。
② 参见习近平：《在庆祝中国共产党成立 100 周年大会上的讲话》，《人民日报》2021 年 7 月 2 日。

可见，中国社会主义现代化先后经历不同的发展阶段，呈现规律性特征，即从量变到部分质变（阶段性）、再从量变到全部质变的长期历史演变过程，同时超越了资本主义现代化，不仅使一部分人先富起来，而且使全体人民逐步实现共同富裕，开创了人类现代化的新道路。

总之，从新中国成立之后，特别是改革开放之后，中国"仅用几十年时间就走完发达国家几百年走过的工业化历程，创造了经济快速发展和社会长期稳定两大奇迹"①，也创造了减少和消除各类贫困的世界奇迹。从现在起，中国共产党的总任务是实现社会主义现代化和中华民族伟大复兴，在全面建成小康社会的基础上"分两步走"，在本世纪中叶建成富强民主文明和谐美丽的社会主义现代化强国，以中国式现代化推动中华民族伟大复兴。这表明在未来，中国将创造社会主义现代化强国和全体人民共同富裕的两大新奇迹，不断超越西方发达国家的现代化，为发展中国家开创新的人间正道。

---

①《中共中央关于党的百年奋斗重大成就和历史经验的决议》，《人民日报》2021 年 11 月 17 日。

第 三 章

实现共同富裕的
发展基础与挑战

未来一段时期，中国实现 14 亿多全体人民共同富裕已经具备了"天时、地利、人和"的发展机遇，也具备了越来越有利的发展条件与强大的发展能力，将进一步创造人类发展的伟大创举。中国在创造 40 多年经济快速增长和社会长期稳定奇迹、全面建成惠及 14 亿多人口的小康社会之后，将再次创造新的人间奇迹。同时，中国将面临多重挑战，中国共产党通过领导人民、依靠人民、激发人民群众创造力，一定能够实现全体人民共同富裕的宏伟目标。

第　一　节

我国进入全体人民共同富裕阶段

我国在实现全面建成小康社会的宏伟目标之后，习近平总书记及时明确提出实现全体人民共同富裕，并把它作为长期发展的目标任务。

2021 年 2 月，习近平总书记进一步系统、完整地提出共同富裕理论，他强调："坚持以人民为中心的发展思想，坚定不移走共同富裕道路。'治国之道，富民为始。'我们始终坚定人民立场，强调消除贫困、改善民生、实现共同富裕是社会主义的本质要求，是我们党坚持全心全意为人民服务根本宗旨的重要体现，是党和政府的重大责任。"①

2021 年 8 月，在中央财经委员会第十次会议上的讲话中，习近平总书记指出，党的十八大以来，党中央把握发展阶段新变化，把逐步实现全体人民共同富裕摆在更加重要的位置上，推动区域协调发展，采取有力措施保障和改善民生，打赢脱贫攻坚战，全面建成小康社会，为促进共同富裕创造了良好条件。现在，已经到了扎实推动共同富裕

---

① 习近平：《在全国脱贫攻坚总结表彰大会上的讲话》，《人民日报》2021 年 2 月 26 日。

的历史阶段。① 这就需要进一步回答"共同富裕社会是一个什么样的社会"这个问题。笔者认为，共同富裕主要有以下五个重要特征。

第一，共同富裕社会是生产力发展水平更高的社会。解放和发展社会生产力是实现共同富裕的前提条件。中国特色社会主义生产力的基本特征可以概括为"一个中心、五大维度"的生产力体系：以人民为中心是全面发展生产力的出发点、立足点和核心点；生产力的"五大维度"分别是经济生产力、科技生产力、社会生产力、文化生产力和生态生产力。五大生产力的作用是：经济生产力是物质的基础；科技生产力是智力的支撑；社会生产力是民生的保障；文化生产力是精神的引领；生态生产力是可持续发展的前提；五大生产力创造五大财富：经济生产力创造经济财富；科技生产力创造科技财富；社会生产力创造社会财富；文化生产力创造文化财富；生态生产力创造生态财富。五大生产力之间相互关联、相互促进、相互融合，同向发展、同行发展、共赢发展，统一服务于以人民为中心的发展目标，进一步全面深化改革是促进五大生产力实现跨越式发展的关键。② 由此不断推动全体人民共同持续发展、共同创造财富、共同分享成果、共同实现富裕目标。

第二，共同富裕社会是经济发展水平更高的现代化社会。中国将提前 15 年基本实现社会主义现代化宏伟目标，即大大超过 1987 年邓小平所设想的 2030 年到 2050 年人均国民生产总值比 2000 年翻两番，

---

① 参见习近平：《扎实推动共同富裕》，《求是》2021 年第 20 期。

② 胡鞍钢、张巍、张新：《全面发展以人民为中心的五大生产力》，《清华大学学报（哲学社会科学版）》2018 年第 33 期。

达到 4000 美元（1980 年价格）的预期目标。[①] 到 2035 年，我国人均国内生产总值达到中等发达国家水平（现价 1.5 万—2 万美元），按购买力平价 2017 年国际元计算，将达到 3.2 万国际元以上。

第三，共同富裕社会是内涵更加丰富的社会主义现代化社会。在全面建成小康社会的基础上实现高质量发展、人民更美好的生活和更高的生活品质。从国际比较看，到 2035 年，我国人类发展指数（HDI）达到高人类发展水平。

第四，共同富裕社会是人民全面发展的社会主义社会。满足人民对美好生活日益增长的需要，满足人民对民主、法治、公平、正义、安全、环境、文化、社会保障等日益增长的需要。从国际比较看，创造了"五位一体"的社会主义现代化新社会。

第五，共同富裕社会是城乡、地区差距持续缩小的社会主义社会。基本实现公共服务、公共设施等城乡一体化、区域一体化、全国一体化。

总之，到 2050 年，中国特色社会主义现代化的核心任务就是实施六个五年规划、连续上几个台阶逐步实现全体人民共同富裕的宏伟目标。开启新的"万里长征"，既具备了极其难得的天时、地利与人和条件，也面临着可预见与不可预见的重大挑战。

---

① 1987 年 4 月 30 日，邓小平指出：我们制定的目标更重要的还是第三步，在 21 世纪用 30 年到 50 年时间再翻两番，大体上达到人均 4000 美元。做到这一步，中国就达到中等发达的水平，这是我们的雄心壮志。那时，我这样的人就不在了，但相信我们现在的娃娃会完成这个任务。参见《邓小平文选》第三卷，人民出版社 1993 年版，第 226—227 页。

第 二 节

实现共同富裕的有利条件

进入新时代，我国已经具备了实现全体人民走向共同富裕的有利的政治、经济与社会发展条件。与 20 年前党中央提出到 2020 年全面建设惠及十几亿人的小康社会目标相比，全面建成惠及 14 亿多人口的共同富裕社会，不仅具有更高的发展起点，也具有更丰富的发展经验和更强大的发展能力。

一、在中国共产党领导下实现共同富裕

中国实现全体人民共建共同富裕社会，最大的政治优势仍然是坚持中国共产党的全面领导。

第一，党中央作出了促进全体人民共同富裕的重大战略决策。习近平总书记在《关于〈中共中央关于制定国民经济和社会发展第十四个五年规划和二〇三五年远景目标的建议〉的说明》中指出："共同富裕是社会主义的本质要求，是人民群众的共同期盼。我们推动经济社会发展，归根结底是要实现全体人民共同富裕。"[1] 这一重大决策充分反映了中国独特的国家治理能力，即以习近平同志为核心的党中

---

[1] 习近平：《关于〈中共中央关于制定国民经济和社会发展第十四个五年规划和二〇三五年远景目标的建议〉的说明》，《人民日报》2020 年 11 月 4 日。

央强烈的政治意愿、坚定的政治决心、科学的政治决策、全党的政治共识。战略决策的成功就是最大的成功，这是实现全体人民共同富裕的战略决策保证。

第二，党中央绘制了实现共同富裕的战略目标及实施路线图。根据党的十九届五中全会《建议》，国家制定了"十四五"规划及2035年远景目标。这是国家开启实施扎实推动共同富裕的第一个行动规划和路线图。在促进全体人民共同富裕的道路上，必须坚持党的全面领导，动员全社会、全体人民以及各级政府，举全国人民之力，办全体人民大事。这是实现全体人民共同富裕最大的政治动员保证。

第三，党中央重大决策获得全社会的高度共识和广泛支持。在邓小平提出"先富论"时，曾引起极大的争议，后来的事实证明"先富论"是突破"贫困陷阱"的重大创新与关键路径。江泽民在党的十六大上提出"全面建设小康社会"的目标时，因受到亚洲金融危机冲击和影响，国有企业改革处在艰难困境中，有几十万全民所有制和集体所有制企业员工下岗，一些人对能否实现这一目标有很多怀疑。胡锦涛在党的十八大上提出全面建成小康社会的目标时，全党全国全社会就有了"三个自信"（道路自信、理论自信、制度自信）①。习近平总书记在党的十九大上正式提出到2035年，不仅提前15年基本实现社会主义现代化的第三步走战略设想，还明确提出全体人民共同富裕迈出坚实步伐的宏伟目标，获得全党全国各族人民的高度共识，赢得前

① 胡锦涛：《坚定不移沿着中国特色社会主义道路前进，为全面建成小康社会而奋斗——在中国共产党第十八次全国代表大会上的报告》，《求是》2012年第22期。

所未有的社会支持。这是实现全体人民共同富裕最大的社会保证。

二、在保持经济中高速增长条件下实现共同富裕

我国已经具备了实现共同富裕的经济实力和经济条件，可实现到
2035 年四个翻一番目标。

第一，实现国内生产总值翻一番，经济实力迈上新台阶。实现共
同富裕的基本经济条件是保持经济中高速增长。预计未来一个时期，
我国经济增速处在中高速（5% 左右）增长阶段（见表 3-1），我国经
济具有巨大的发展潜力、增长惯性和增长动力。预计到 2035 年，我
国 GDP 总量比 2020 年翻一番，按 2020 年不变价格，从 2020 年的
101.6 万亿元上升至 210 万亿元以上，累计达到 2250 万亿元以上；按

表 3-1   我国主要经济指标年均增速预测（2021—2035 年）

单位：%

	2021—2025 年	2026—2030 年	2031—2035 年	2021—2035 年
GDP	5.7	4.8	4.1	5 左右
人均 GDP	5.3	4.6	4.1	5 左右
劳动生产率	6.0	5.0	4.2	5 以上
居民人均可支配收入	5.8	4.9	4.1	5 左右
居民人均消费水平	5.8	5.0	4.1	5 左右

注：表中的数据按 2020 年不变价测算。

2017 年国际元计算，从 2020 年的 23.01 万亿国际元上升至 2035 年的

48 万亿国际元以上，占世界 GDP 的比重提高至 27% 左右，对世界 GDP 增长的贡献率保持在 1/3 以上，成为名副其实的世界经济强国。这是我国实现全体人民共同富裕最重要的经济基础。

第二，实现人均国内生产总值翻一番，达到中等发达国家水平。预计未来一个时期，我国人均 GDP 仍保持中高速增长，按人民币 2020 年价格计算，从 2020 年的 7.2 万元达到 2035 年的 15 万元以上；按购买力平价 2017 年国际元计算，从 1.61 万国际元达到 2035 年的 3.35 万国际元，相当于美国人均 GDP 水平的 40% 以上，达到中等发达国家水平。这是我国实现全体人民共同富裕坚实的经济基础。

第三，实现全员劳动生产率翻一番，缩小与发达国家的相对差距。预计未来一个时期，我国全员劳动生产率略高于经济增速，这是因为我国就业人口比例有所下降，特别是农业劳动力就业比重明显下降，降至 20% 以下，这对劳动生产率的提高将起到结构优化效应。劳动年龄人口平均受教育年限持续提高，劳动力人均资本存量持续增长，共同促进全员劳动生产率持续提高，年均增速达到 5% 以上。这是实现居民人均收入翻一番的生产率基础。

第四，实现居民人均收入增长翻一番。预计未来一个时期，我国居民人均可支配收入年均增速在 5% 以上，从 2020 年的 3.22 万元上升至 2035 年的 6.5 万元以上，相当于从每人每日 21 国际元上升至 2035 年的 42 国际元以上，进入国际中等收入标准范围（每人每日 10—100 国际元）。这是实现全体人民共同富裕的基本条件和国际标志。

到 2035 年实现 4 个主要经济指标翻一番的目标是必要的，也是可行的。历史经验值得总结，2002 年党中央曾提出到 2020 年实现 GDP 翻两番的目标，年均增速为 7.2%，而实际结果为 5.28 倍，年均增速为 8.7%。2021—2035 年可将 4.8% 的经济增速视为底线，即可实现 GDP 翻一番，力争达到 5% 及以上（见表 3-1），从而使中国经济巨轮行稳致远。

中国具备保持经济中高速增长的诸多有利因素。首先，我国国内储蓄率仍明显高于世界平均水平。2020 年，我国国内储蓄率为 44.5%，高于世界平均水平（26.1%）[1]，国内总投资率为 43.5%，也高于世界平均水平（25.6%），资本存量持续增长，这意味着中国经济增速至少是世界经济增速的两倍。[2] 其次，我国就业参与率仍保持较高水平。2020 年，我国就业参与率为 75.9%，高于世界平均水平（66.5%）[3]，其中，女性就业参与率为 68.6%，也明显高于世界平均水平（52.6%）[4]。最后，我国科技进步贡献率持续提高，这也是保持中高速增长的最关键因素。我国科技进步贡献率从 2005 年的 55.3% 提高到 2020 年的 60% 以上。未来，这些优势仍然能够继续保持。由于我国经济总量越来越大，经济增长从高速转向中高速也符合客观规律。经济增长的驱动力越来越多地依靠科技创新、人力资本及劳动生产率水平提高、国内市场规模扩大以及开拓世界市场等因素。

---

① 世界银行数据库。

② 详细分析参见胡鞍钢、鄢一龙、唐啸、刘生龙著：《2050 中国　全面建设社会主义现代化强国》，浙江人民出版社 2018 年版，第 135—148 页。

③ 世界银行数据库。

④ 世界银行数据库。

三、在高收入条件下实现共同富裕

未来，我国是在高收入、中等发达国家水平上实现全体人民共同富裕，显示了"水涨船高"效应与大国规模效应。

第一，我国正在进入高收入水平阶段（"十四五""十五五"时期），进而达到中等发达国家水平（"十六五"时期）。我国全体人民的共同富裕是建立在高收入、中等发达国家水平、高人类发展水平基础上的，将从量变到质变，不断跃上新的台阶。需要指出的是，我国总人口规模（2020年为14.1亿人）已经超过了经济合作与发展组织（OECD）国家（2020年为13.7亿人），创下了世界现代化历史的新纪录，无论是超大人口规模，还是大国市场规模效应，以及对全球的影响都是前所未有的，成为继创造全面建成小康社会、消除绝对贫困两大奇迹之后的下一个奇迹。

第二，我国居民收入来源更加多元化。除了工资性收入增长之外，经营性净收入、财产性净收入、转移性（包括国家和家庭内）净收入比重不断增加。即使收入最低的20%人口（主要是农村人口，约2.84亿人），人均收入增长仍能够超过两倍，超过国际中等收入（每人每日收入10—100国际元）最低或较低标准，成为中等收入群体。

第三，中等收入群体规模迅速扩大。从按五等份分组的居民人均可支配收入来看（见表3-2），到2035年，低收入户每人每日将达到11.1国际元，中间偏下户达到22.6国际元，中间收入户将达到35.8

表 3-2　按五等份分组的居民人均每日
可支配收入（2020—2035 年）

单位：国际元／日

	2020 年	2035 年	2020—2035 年均增速（%）	2035 年相对 2020 年的倍数
低收入户（20%）	5.1	11.3	5.3	2.17
中间偏下户（20%）	10.7	22.6	5.1	2.11
中间收入户（20%）	17.0	35.8	5.0	2.08
中间偏上户（20%）	26.7	55.1	4.9	2.05
高收入户（20%）	52.1	104.8	4.7	1.99
全国人均可支配收入	20.9	43.7	5.0	2.08

注：2020 年数据系按购买力平价（PPP）因子 4.225 计算，系 2017 年国际元。2035 年数据系预测数据。

国际元，中间偏上户将达到 55.1 国际元，高收入户将超过 100 国际元。这意味着我国几乎全部人口都处在世界银行标准的国际中等收入的最低线即每人每日收入在 10 国际元以上，其中每人每日收入在 50 国际元以上的人口占 40%，20—50 国际元的人口占 40%，形成了两头小中间大的"橄榄型"收入分布格局。因此，国家和社会（包括企事业单位）保证低收入户的收入持续增长至关重要，力求低收入户人均收入增速高于平均增速。对部分低收入群体，可以把直接财政转移支付补助（简称"直补"）作为他们的收入来源之一，进而实现低收入户的收入增速高于本地人均增速，高于高收入户的收入增速，进而缩小基尼系数。

四、建成世界最大的中等发达城镇化社会

未来，我国将建成世界上城镇人口规模最大、更富裕、更发达、更多样的城镇化社会。

第一，我国仍处于城镇化快速发展过程。到 2035 年，我国基本实现新型城镇化建设。2020 年，我国城镇常住人口达 9.02 亿人，占全国总人口比重的 63.9%，占世界城市人口总数比重的 20.7%。预计到 2025 年，全国城镇常住人口将达到 10 亿人以上，占全国总人口比重达到 70% 以上，超过中高收入水平国家的平均城市化率（2020 年为 67.6%）；2035 年达到近 11 亿人，占全国总人口比重的 78%，略低于 OECD 国家的 81%（2020 年数据）[①]。我国城镇仍旧是吸收农村转移人口的主要阵地，深化户籍制度改革对推进以人为中心的城镇化建设发挥着积极作用。力争到 2035 年基本取消城乡户籍差异，城乡体制性二元结构基本消除。

第二，我国农村人口大幅度减少。共同富裕的难点重点在农村，只有不断地减少农村人口，才能不断地使农民富裕起来。我国农村人口将从 2020 年的 5.10 亿人减少至 2035 年的 3.20 亿人，约减少 1.9 亿人，平均每年减少 1200 万人，低于 2010—2020 年的 1600 万人。这将推动城乡居民收入相对差距继续缩小，有助于提高国家对农村人口的人均转移支付水平和基本公共服务能力。未来一个时期，我国基础设施城乡一体化取得重大进展，教育、医疗卫生、文化等社会事业方面

---

① 世界银行数据库。

城乡差距持续缩小，都将大大促进城乡人口在预期寿命、劳动年龄人口平均受教育年限等人力资本指标走向趋同，不断提高农村劳动生产率和收入水平。这是让农民富裕起来的根本途径。

表 3-3　我国总人口及城镇化率（2010—2035 年）

	2010 年	2020 年	2025 年	2035 年
总人口（亿人）	13.40	14.12	14.36	14.53
城镇常住人口（亿人）	6.70	9.02	10.05	11.33
城镇户籍人口（亿人）		6.42		
农村人口（亿人）	6.71	5.10	4.86	3.20
城镇化率（%）	49.95	63.39	70.0	> 78
户籍城镇化（%）		45.5		

2010 年、2020 年数据来自国家统计局编：《中国统计年鉴 2021》，中国统计出版社 2021 年版，第 35—36 页；2025—2035 年数据系于淼按照妇女总和生育率 1.80 测算。

五、城乡居民人均收入和消费支出差距持续缩小

我国城乡居民收入持续增长，相对差距持续缩小。2020—2035 年，预计城镇居民人均可支配收入从 4.38 万元上升至 8.32 万元，年均增速达到 4.4%，农村居民人均可支配收入年均增速将达到 6.1%，城镇与农村居民人均可支配收入的相对差距将持续缩小，从 2020 年

的 2.56 倍缩小至 2035 年的 2 倍以下。同时，我国城乡居民人均消费支出持续增长，相对差距持续缩小。2020—2035 年，预计城镇居民人均消费支出从 2.70 万元上升至 5.64 万元，年均增速达到 5.0%，农村居民人均消费支出从 1.37 万元上升至 3.32 万元，年均增速将达到 6.1%；城镇与农村居民人均消费支出的相对差距将持续缩小，从 1.97 倍缩小至 1.7 倍以下。

我国城乡居民家庭恩格尔系数持续下降且基本趋同。预计到 2035 年，城乡居民恩格尔系数将从 2020 年的 29.2% 和 32.7% 分别降至 19.6% 和 21.8%（见表 3-4），这表明我国城乡家庭实际消费结构将达到中等发达国家水平。值得注意的是，城乡居民消费水平提高可能带来副作用。目前，我国城乡各年龄段居民超重肥胖率持续上升[①]。

表 3-4　城乡居民人均指标比较（2020—2035 年）

指标	2020 年	2025 年	2030 年	2035 年	2020—2035 年均增速或变化量（%）
人均可支配收入（元）					
城镇	43834	55143	68719	83205	4.4
农村	17132	23260	31570	41654	6.1
城镇/农村（倍）	2.56	2.37	2.18	< 2.00	

---

① 根据《中国居民营养与慢性病状况报告（2020 年）》中的数据，中国的成人中已经有超过 1/2 的人超重或肥胖，成年居民（≥ 18 岁）超重率为 34.3%，肥胖率为 16.4%。

续表

指 标	2020 年	2025 年	2030 年	2035 年	2020—2035 年均增速或变化量（%）
人均消费支出（元）					
城镇	27007	37411	46621	56449	5.0
农村	13713	18813	25295	33217	6.1
城镇 / 农村（倍）	1.97	1.99	1.84	＜ 1.70	
恩格尔系数（%）					
城镇 (%)	29.2	23.8	22.1	19.6	-9.6
农村 (%)	32.7	26.5	24.4	21.8	-10.9

2020 年数据来自国家统计局编：《中国统计摘要 2021》，中国统计出版社 2021 年版，第 56—57 页。2025—2035 年数据系作者测算。均为 2020 年价格。

我国城乡居民人均居住面积持续提高。城镇居民人均住房建筑面积将从 2018 年的 39.0 平方米增加到 2035 年的 50 平方米以上，农村居民人均住房建筑面积将从 2018 年的 47.3 平方米增加到 2035 年的 55 平方米以上。城乡居民平均每百户拥有的汽车将翻一番[1]。这表明，我国城乡居民实际生活水平和消费结构将达到中等发达国家水平，这也成为基本实现现代化的重要特征。

我国正在经历前所未有的家庭户小型化，平均每户家庭人口数

---

[1] 2020 年我国城乡每百户家用汽车数量分别为 44.9 辆和 26.4 辆。未来一个时期，我国城乡将先后进入汽车普及化阶段，即每百户家用汽车数量在 50 辆以上，尤其是清洁能源汽车将得以普及。

从 2010 年的 3.10 人减少至 2020 年的 2.62 人 [1]。今后还会持续减少，到 2035 年可能在 2.10 人左右，即用 20 年的时间从"三人家庭"转向"两人家庭"。其中，单身人口家庭数也在上升，全国家庭户总数将持续增长，从 2010 年的 4.02 亿户上升至 2020 年的 4.94 亿户，进而 2035 年将至少再增加 1 亿户。家庭户增加的主要原因是独居户数量的增加，这在很大程度上受老龄化、少子化的影响，也与不婚不育的婚育观念有关。

六、国家财政实力和分配能力大幅度提高

我国一般性公共预算收入预计翻一番以上，从 2020 年的 18 万亿元上升至 2035 年的 36 万亿元以上 [2]。其中，中央财政对地方转移支付总额从 10 万亿元上升至 20 万亿元以上，两者累计额分别达到 400 万亿元和 225 万亿元。这将成为我国实现全体人民共同富裕的国家财政汲取能力及转移支付能力的基础。国家财政汲取能力以及财政支出对通过再分配手段调节收入差距具有决定性的影响。

七、建立了世界上最大规模全民覆盖的社会保障体系

我国基本养老保险人数从 2000 年的 1.36 亿人上升至 2020 年的 9.99 亿人，失业保险参保人数从 1.04 亿提高至 2.17 亿人，工伤保险

---

[1]《第七次全国人口普查公报（第二号）——全国人口情况》，国家统计局网站 2021 年 5 月 11 日。

[2] 2004—2019 年，全国一般性公共预算收入从 2.64 万亿元增至 19.04 万亿元，2019 年相当于 2004 年的 6.0 倍，相当于占国内生产总值比重从 16.3 提高至 19.3%。参见国家统计局编：《中国统计摘要 2021》，中国统计出版社 2021 年版，第 73 页。

参保人数从 4350 万人达到 2.67 亿人。参加全国基本医疗保险的人数从 3787 万人上升至 13.61 亿人[①]，参保率稳定在 95% 以上，达到甚至超过 OECD 国家总人口（13.60 亿人）及参保率（2017 年美国为 91.2%，其中，私人医保参保率仅为 63.1%）。到 2030 年，我国全部人口基本上实现各类社会保障项目的应保尽保，这是实现全体人民共同富裕的社会主义制度保障和社会保障优势。

八、有效实施三个五年规划

有效地实施五年规划成为实现全体人民共同富裕的战略手段。《中华人民共和国国民经济和社会发展第十四个五年规划和 2035 年远景目标纲要》（以下简称《纲要》）是第一个扎实推动共同富裕的五年规划纲要。[②] 其中在六大主要发展目标中，有两大目标（"经济发展取得新成效""民生福祉达到新水平"）与共同富裕直接相关。在 20 个主要量化指标中有 10 个指标，在 20 个次要量化主要指标中有 5 项指标，反映了扎实推动共同富裕这一主题，也可作为设计新时代实现共同富裕总体目标与指标体系的基本依据，同时是"十四五"时期年度监测、中期评估、后期评估的重要指标。

今后通过实施"十四五""十五五""十六五"规划，我国将用 15 年时间逐步推进共同富裕这一宏伟目标。在这三个五年规划时期，

---

① 参见国家统计局编：《中国统计年鉴 2021》，中国统计出版社 2021 年版，第 794—795 页。

② 《纲要》明确提出：坚持以人民为中心，坚持人民主体地位，坚持共同富裕方向，始终做到发展为了人民、发展依靠人民、发展成果由人民共享，维护人民根本利益，激发全体人民积极性、主动性、创造性，促进社会公平，增进民生福祉，不断实现人民对美好生活的向往。

中国将逐步完善推进全体人民共同富裕的体制机制，取得明显的实质性进展。

总之，经过 70 多年的社会主义现代化建设，特别是改革开放以来，我国经济实力、科技实力、国防实力、综合国力不断迈上新台阶，已进入世界前列，已具备了实现共同富裕的政治、经济、社会、文化、生态诸多基本条件，比历史上任何时期都更有信心和更有能力实现全体人民共同富裕的宏伟目标。

第 三 节

实现共同富裕面临的重大挑战

中国已经创造了经济快速增长、社会长期稳定两大奇迹并消除绝对贫困，还要继续实现全体人民共同富裕。在这个过程中，我国将面临许多不利的制约条件和重大挑战，当然，这也与中国的基本国情相关。首先，中国始终是人口最多的国家，即使今后印度总人口超过中国，中国总人口仍在 14 亿以上。其次，中国幅员辽阔，地域差异甚大，各地区发展不平衡世所罕见，让不同地区的人民共同富裕起来，没有先例。最后，中国城乡差距甚大，超过世界主要高收入人口大国，实现居民收入差距缩小、基本公共服务均等化是长期的发展任务。可见，实现全体人民的共同富裕没有先例，需要中国依据本国国情探索实现共同富裕的道路。

实现共同富裕也是缓解或解决我国社会主要矛盾的必然要求。当前及今后相当长的一个时期内，我国社会主要矛盾已经转化为人民日益增长的美好生活需要和不平衡不充分的发展之间的矛盾，这是我国最基本的国情，突出表现为五个方面的重大挑战。

一、城乡发展不平衡

城乡发展不平衡不仅是中国的基本国情，也是中国社会主义现代化发展的长期制约条件。经过长达 70 多年的社会主义建设和发展，我国城乡人口比例从新中国成立初期的"一九开"，逐步演变为新的"六四开"城乡人口格局。2020 年，我国城镇常住人口比重达到63.89%，农村人口比重仍占 1/3。由于我国农村人口规模超大，仍在5 亿人以上，占世界农村人口（34.01 亿人）的 15.0%。即使到 2035年，我国农村人口仍在 3 亿人以上，"三农"问题仍将是全面建成社会主义现代化强国最大的短板，缩小城乡差距也是走向共同富裕的最大挑战。

按照国际贫困线高标准（每人每日支出 5.50 国际元），中国贫困发生率从 2010 年的 53.5% 降至 2016 年的 24.0%[①]，平均每年下降 4.9个百分点。根据民政部公布的数据，截至 2021 年 2 月，全国共有1936 万建档立卡的贫困人口纳入低保或特困供养范围，占全部贫困人口的 19.6%，占全国总人口比重的 1.4%；截至 2020 年底，全国城

---

① 世界银行数据库。

乡低保人数 4426.8 万人，占全国总人口的 3.2%，其中城乡特困人员 477.7 万人[1]，占全国总人口比重的 0.34%。因此，在"十四五"时期，必须减少国际贫困线高标准下的人口。

按城乡居民收入五等份分组，2020 年，我国仍有 80%（约 4 亿）的农村人口，人均收入水平仍低于中等收入最低标准（人均 3 万元，家庭户总收入低于 10 万元）。按世界银行提供的购买力平价因子（4.225）计算，相当于每人每日人均收入 19.5 国际元，已进入国际中等收入区间（每人每日收入 10—100 国际元）。为此，2021 年中央一号文件明文规定加强农村低收入人口常态化帮扶政策，这也是巩固脱贫攻坚成果、推进乡村振兴的必要措施。

2020 年，全国户籍人口城镇化率为 45.5%，明显低于常住人口城镇化率，约有 2.61 亿人为非户籍人口，按城镇低收入户和中间偏下收入户人均每日收入计算分布在 10—18 国际元。未来，要不断提高户籍人口城镇化率，大幅度减少非户籍城镇人口规模，这也是新型城镇化建设的重要内容之一。把新进城的人口纳入城市公共服务体系是城镇化的核心任务。到 2035 年，基本实现非户籍城镇人口市民化、基本公共服务均等化正是我国新型城镇化的基本任务。我国城乡差距还将长期存在，逐步缩小城乡差距，特别是收入消费差距、基本公共服务和社会保障差距，将成为实施新型城镇化与乡村振兴两大战略的重中之重。

---

[1]《1936 万建档立卡贫困人口纳入低保或特困供养范围》，《经济日报》2021 年 2 月 24 日。

二、区域发展不平衡

我国地域辽阔，自然资源禀赋差异甚大，人口众多，各地区发展水平极不平衡，在世界上是极其罕见的。我国仅 400 毫米等降水线西侧区域就有内蒙古、甘肃、青海、宁夏、新疆、西藏六省区[①]，人口不足 5000 万，占全国总人口的 6.5%，国土面积占全国的 54.7%，是我国主要的边疆地区。区域内生态多样性明显，经济社会发展相对滞后，地区生产总值占全国比重的 4.86%，人均地区生产总值不仅大大低于东部地区人均水平，也低于全国人均水平。自然地理条件难以改变，这也是缩小东西部差距的最大挑战。但是，这些地区不仅要与全国同向同行共同富裕起来，还要承担不可取代的越来越多的维护国家陆地边防安全、生态安全、资源能源安全、民族团结、长治久安的重要职责。[②]

从全国来看，按各地区名义人均 GDP 计算的差异系数从 2010 年的 50.6% 下降至 2020 年的 43.5%，平均每年下降 0.7 个百分点。但是在"十三五"时期差异系数又出现了明显的"南北分化"，已成为我国缩小地区差距的新挑战。

三、重点困难人群超过数千万人

保障我国已脱贫的 7000 万农村贫困人口的收入能够持续较快增

[①] 参见全国人大财政经济委员会、国家发展和改革委员会编：《〈中华人民共和国国民经济和社会发展第十四个五年规划和 2035 年远景目标纲要〉释义》，中国计划出版社 2021 年版，第 335 页。

[②] 同上。

长是推进共同富裕的持续任务和重要基础。到 2035 年，我国要确保让已脱贫的农村人口的人均收入水平再翻一番以上，包括增加国家财政补助等转移支付，社会保障、公共服务等再上新台阶。此外，我国还有各种特殊困难人群，如城镇有 5.5% 左右的调查失业人群（2500万人以上）。随着脱贫攻坚战取得全面胜利，700 多万建档立卡的贫困残疾人如期脱贫，963.4 万残疾人被纳入最低生活保障，近 300 万贫困重度残疾单独施保。[①] 根据民政部公布的数据，我国仍有 5700 多万低收入人口，占全国总人口的 4.0%，对这类人群要建立动态监测信息系统。因此，无论中国发展到什么水平，总会有 5% 左右的人口（7000 万人左右）属于重点困难人群，这一群体成为国家与全社会帮困帮扶的重点目标群体。要将中国共产党领导的政治优势、社会主义社会的制度优势、国家财政再分配能力优势、社会捐赠救助优势等，一同转化为巨大的社会主义共同富裕的独特举国优势，动员和利用90% 以上的人口支持和帮助 5% 的重点困难人口。

四、居民收入基尼系数仍处高位

根据国家统计局公布的信息，近十几年我国基尼系数总体呈波动下降态势。全国居民人均可支配收入基尼系数在 2008 年达到最高点 0.491 后，2009 年至今呈波动下降态势，2020 年我国基尼系数下降

---

① 参见《脱贫路上不掉队——中国残联助力残疾人脱贫攻坚综述》，《人民日报》2021 年 4月30 日。

至 0.465[①]，但是按照家庭财富计算，基尼系数还会更高。根据世界银行数据库提供的国际比较数据，中国基尼系数从 1990 年的 0.322 上升至 2010 年的 0.437，达到最高峰，而后下降至 2016 年的 0.385，低于美国的 0.414[②]，在 5 个最高的上亿人口国家中居第 4 位，排在巴西（2019 年为 0.534）、墨西哥（2018 年为 0.454）、美国之后，但高于印度尼西亚（2019 年为 0.382）、俄罗斯（2018 年为 0.375）[③]，在世界上仍属于高基尼系数的国家。缩小居民收入或财富基尼系数的任务十分艰巨，需要采取措施进一步完善收入分配体系和社会福利体系，并持之以恒、久久为功。为此，我国实现共同富裕的重点是汇聚各种资源并使之下沉下移，提升转移支付力度、加大社会帮扶力度，提升社会保障覆盖水平和保障水平、强化人力资本投资，进一步体现社会主义制度的优越性。

五、国家再分配能力严重不足

国家财政汲取能力不断下降，再分配能力严重不足。"分税制"改革以后，全国一般公共预算收入相当于 GDP 的比重经历了一个"先上升，后下降"的过程，先是从分税制改革的 1994 年的 10.7% 上升至 2015 年的 22.1%，而后下降至 2020 年的 18.0%，尽管减少了 6.1 个百分点，但仍不及 2007 年的 19.0%。同时，一般公共预算支出相当于 GDP 的比重从 2015 年的 25.5%（最高峰）下降至 2020 年 24.2%，

---

① 基尼系数基于政府统计机构和世界银行各国别局提供的初级住户调查数据确定。数据来源：国家统计局。

② 世界银行数据库。

③ 世界银行数据库。

也减少了 1.3 个百分点，一般性公共预算支出与收入之差占 GDP 的比重从 3.4 个百分点上升至 6.2 个百分点[1]，属于典型的过度透支型国家财政（超过 3%），创下了我国改革开放以来的最高纪录，更是不可持续的[2]。2015 年以来财政缺口不断拉大的一个重要原因就是超大规模的减税。根据财政部公布的数据，2016—2020 年，全国宏观税负从 17.47% 下降至 15.2%；出口退税总额从 1.17 万亿元增加至 1.45 万亿元，相当于出口总额的比重从 8.5% 下降至 8.1%；新增减税降费累计超过 7.6 万亿元[3]，相当于同期 GDP 总量（450 万亿元）比重的 1.7%，直接补贴了出口商，间接补贴了国外进口商和消费者，尽管有助于实现短期的"保就业、保出口"的目标，但也造成长期的国家财政汲取能力和再分配能力持续明显下降。此外，我国第三次分配能力发展水平严重不足，公益慈善接收的现金与物资仅相当于 GDP 比重的 0.15% 左右。[4]

当前，贫富两极分化不仅是全球性挑战和难题，也是我国所面临的最大发展挑战。正如习近平总书记所言："当前，全球收入不平等问题突出，一些国家贫富分化，中产阶层塌陷，导致社会撕裂、政治极化、民粹主义泛滥，教训十分深刻！我国必须坚决防止两极分化，促进共同富裕，实现社会和谐安定。"[5]这充分反映了党和政府的政治

---

① 参见国家统计局编：《中国统计摘要 2021》，中国统计出版社 2021 年版，第 73 页。

② 详细分析参见胡鞍钢、王绍光：《提高国家及中央财政收支占 GDP 比重》，清华大学国情研究院《国情报告》2021 年 6 月 23 日。

③ 参见王观：《税收基础性支柱性保障性作用日益发挥》，《人民日报》2021 年 6 月 18 日。

④ 参见《专访国务院参事汤敏：三次分配是补充》，《第一财经日报》2021 年 9 月 3 日。

⑤ 习近平：《扎实推动共同富裕》，《求是》2021 年第 20 期。

意愿和发展目标，也是中国特色社会主义新时代的显著特征和发展方向。

　　未来十几年，对我国来说仍是一个必须紧紧抓住并且可以大有作为的重要战略机遇期，推进共同富裕社会建设是核心任务和发展目标。我国已经具备了"扎实推动共同富裕"的多方面有利条件和发展优势，也深得全国人民的拥护和支持，同时面临诸多发展挑战和亟待解决的难题，其中国家财政汲取能力以及再分配能力严重不足是最大的挑战。但是机遇大于挑战，办法总比困难多。在一个拥有 14 亿多人口、近 5 亿家庭户的世界大国中①，我们要实现全体人民共同富裕，世所罕见，更是举世瞩目。我国已经具有日益强大的经济实力、科技实力、综合国力，更具备明显的政治优势、制度优势、政策优势，这些优势一定能够确保我们实现 2035 年全体人民共同富裕的宏伟目标。

---

　　① 根据全国第七次人口普查数据，全国共有家庭户 494157423 户。《第七次全国人口普查公报（第二号）——全国人口情况》，国家统计局网站 2021 年 5 月 11 日。

第 四 章

新时代实现共同富裕的
总体目标与指标体系

习近平总书记指出，现在，已经到了扎实推动共同富裕的历史阶段。我们说的共同富裕是全体人民共同富裕，是人民群众物质生活和精神生活都富裕，不是少数人的富裕，也不是整齐划一的平均主义。要深入研究不同阶段的目标，分阶段促进共同富裕。[1]2021 年中央经济工作会议明确提出"要正确认识和把握实现共同富裕的战略目标和实践途径"[2]。

本章深入研究实现共同富裕的战略目标，包括总体性目标与阶段性目标；定量计算和分析促进共同富裕的五大目标及量化指标。

---

[1] 参见习近平：《扎实推动共同富裕》，《求是》2021 年第 20 期。

[2]《中央经济工作会议在北京举行》，《人民日报》2021 年 12 月 11 日。

第 一 节

总体性目标与阶段性目标

加快发展是实现共同富裕的基础和必要条件。没有发展就不能实现共同富裕，没有加快发展就不能早日实现共同富裕。实现社会公平正义是由多种因素决定的，最主要的还是经济社会发展水平。扎实推动共同富裕，必须始终坚持以经济建设为中心，不断解放和发展生产力，为实现全体人民共同富裕打好坚实的物质基础。

基于形势的判断，党中央提出共同富裕"三步走"的战略目标。实现全体人民共同富裕的总体目标的基本依据就是十三届全国人大四次会议通过的《纲要》。它提出的共同富裕第一步战略目标是：到"十四五"末期，全体人民共同富裕迈出坚实步伐，居民收入和实际消费水平差距逐步缩小。共同富裕第二步战略目标是：到2035年，人均国内生产总值达到中等发达国家，中等收入群体显著扩大，基本公共服务实现均等化，城乡区域发展差距和居民生活水平差距显著缩小，全体人民共同富裕取得更为明显的实质性进展。这充分表明，2035年只是中国实现共同富裕重要的阶段性目标，实现共同富裕是一个更为长期的奋斗目标。共同富裕第三步战略目标是，到本世纪中叶，全体人民共同富裕基本实现，居民收入和实际消费水平差距缩小到合理区间。① 这就是创造"民富国强"的两大宏伟目标，一是实现全体人民共同富裕，二是全面建成社会主义现代化强国。

基于此，实现全体人民共同富裕目标与党的十九大提出的未来30 年"两个阶段"实现社会主义现代化强国战略部署是高度一致的。第一阶段，到 2035 年，全体人民共同富裕取得更为明显的实质性进展，基本实现社会主义现代化；第二阶段，到本世纪中叶，基本实现全体人民共同富裕，建成富强民主文明和谐美丽的社会主义现代化强国。这既是中国特色社会主义现代化与共同富裕的必经阶段，又是相互衔接的阶段，还是渐进式量变到重大质变的阶段。

我国实现共同富裕是一个持续且分不同阶段的渐进式的发展过程，确立不同阶段的目标尤为关键。从"十四五"规划时期开始，到2035 年取得更为明显的实质性进展，再到本世纪中叶全体人民共同富裕基本实现，需要制定和实施 6 个五年规划达到上述两个阶段目标。这里我们集中阐述在"十四五"及 2035 年发展时期，如何根据发展水平、经济实力、综合国力制定扎实推动实现共同富裕的阶段性目标和重大任务。

"十四五"规划本质就是我国推进实现共同富裕的开局规划。规划主要目标就是扎实推动共同富裕，其主要任务包括：夯实脱贫攻坚成果，乡村振兴战略全面推进；积极推进新型城镇化建设，提升城市服务流动人口的水平，促进城市发展实现更高质量、更加包容、更可持续；完善收入分配体系，推进三次分配体系的协调配合；强化就业

---

① 参见习近平：《扎实推动共同富裕》，《求是》2021 年第 20 期。

优先政策，推进更加充分、更高质量的就业；以深化改革为动力，推进建设高质量教育体系，全面推进健康中国建设，健全多层次社会保障体系。"良好的开局是成功的一半"，关键是如期实现"十四五"规划主要经济社会发展目标指标，全面完成重大战略任务，使我国经济实力、科技实力、综合国力和人民生活水平跃上新的更大台阶。

第 二 节

发展目标与指标体系

十三届全国人大四次会议通过的《纲要》充分体现了习近平新时代中国特色社会主义思想，特别是大力促进全体人民共同富裕的总体定性目标，作为促进共同富裕主要量化指标的基本依据。根据共同富裕的内涵要求，全面对标对表《中共中央关于制定国民经济和社会发展第十四个五年规划和二〇三五年远景目标的建议》提出的"十四五"时期经济社会发展主要目标和 2035 年远景目标，专门设置了衡量共同富裕的具体量化指标及构建指标体系。

共同富裕指标体系的设置应坚持五个基本原则。一是充分体现党中央《建议》提出的中国特色社会主义共同富裕的内涵要求，把量化指标划分为五类指标，包括生产力指标、发展机会指标、发展保障指标、收入差距指标和人民福利指标，目的在于推动可持续发展、加强和优化公共服务、弥补市场失灵、履行政府职能，从而全面、科学、定量客观评估全面推进共同富裕的进程；二是根据数据的可获性选取评估指标，便于可统计、可观测、可评估、可比较、可实施；三是充分利用国家"十四五"规划中体现促进共同富裕的重要指标，特别是民生福祉指标（共计 7 项优先指标、5 项次优先指标）；四是突出指标的代表性，在重要领域设置最具代表性指标；五是采用国际通行的可比较指标，如人均 GDP（购买力平价 2017 年国际元）、全员劳动生产率（购买力平价 2017 年国际元）、人均预期寿命、劳动年龄人口平均受教育年限、人类发展指数（HDI）、基尼系数等，便于进行历史纵向比较和国际横向比较。

基于上述基本原则，首先，设计了具有中国特色的共同富裕指标体系（见附录），基于对以往做回顾性量化分析，以检验该指标体系的可行性；其次，对 2020—2035 年（三个五年规划）作前瞻性、趋势性预测，充分反映走向共同富裕的发展趋势，发挥引导性作用，实际结果可能超过预期，也可能达不到预期，可以进行灵活调整，尤其是预期性指标；最后，根据国际通行的指标（如人类发展指数等）进行国际比较，以检验中国在世界人口大国（指拥有上亿人口的国家）中如何成为率先走向共同富裕的国家。此外，指标体系还能够对扎实推动共同富裕年度监测、五年规划中期评估和后期评估，使之具有可行性、连续性以及必要的调整余地。以下根据共同富裕指标体系设计及评估，对五大类及各个指标设置进行说明。

一、生产力指标

第一，国内生产总值（GDP）增长。这是衡量我国经济发展水平的核心指标，反映我国的综合经济实力和国际竞争力，是实现全体人民共同富裕的物质基础。未来，我国仍具有巨大的发展潜力、增长惯性，处在根据党中央《建议》提出到 2035 年我国人均国内生产总值、达到中等发达国家水平的目标要求的阶段。到 2035 年，我国 GDP 仍可以保持中高速增长，实际增速将在 5% 左右。保持中高速潜在增速符合我国进入高收入发展阶段的速度变化、结构优化、动能转化的特点，也有利于实现经济高质量发展。此外，这一增速明显高于其他高收入国家 2% 左右的平均增速，仍具有明显的追赶效应，可视为增长底线指标。按 2020 年不变价格计算，到 2035 年，我国 GDP 将从 2020 年的 101.6 万亿元达到 210 万亿元以上，相当于从 23.01 万亿国际元上升至 48 万亿国际元以上，占世界 GDP（2017 年国际元）比重将持续大幅度上升——从 17.4% 提高至 27% 左右，经济实力不断迈上新台阶，为推动全体人民共同富裕奠定雄厚的物质基础。与此同时，我国人均 GDP 预计翻一番，从 2020 年的 7.2 万元上升至 2035 年的 14.6 万元，相当于从 1.68 万国际元上升到 3.35 万国际元以上，从中高收入水平先后达到高收入水平（2025 年之前）、中等发达国家水平（2035 年），也成为全体人民实现共同富裕发展目标的重要标志。

第二，全员劳动生产率增长。劳动收入是我国城乡居民主要的收入来源，而劳动收入增长主要源于劳动生产率持续增长，人均物质资本存量和人力资本水平的提高都会提升劳动生产率。根据《纲要》提出的"十四五"时期全员劳动生产率增长高于 GDP 增长的要求，到 2035 年，我国全员劳动生产率年均增速 5% 以上，比 2020 年翻一番以上，相对美国劳动生产率水平从 25% 上升至 40% 以上（见表 4-1）。从人口趋势来看，我国就业人数总数已达高峰（2017 年）而呈缓慢下降趋势，农业劳动力持续下降，经济增长主要是依靠劳动者素质提高、科技进步和制度创新。全员劳动生产率的持续提高有助于促进"两个提高"：一是提高劳动者劳动报酬占国民收入比重[1]；二是继续提高工资性收入占人均可支配收入的比重（2020 年占 55.7%），这会大大促进全体人民共同富裕起来。

表 4-1　我国人均 GDP 和劳动生产率增长趋势
（1990—2035 年）

年份	人均 GDP（元）	人均 GDP（2017 年国际元）	中国劳动生产率（2017 年国际元）	美国劳动生产率（2017 年国际元）	中国劳动生产率相对美国水平（%）
1990 年	1663	983	2784（1991 年）	83949（1991 年）	3.3（1991 年）
2000 年	7942	2921	6134	100269	6.1
2010 年	30808	9254	16051	118341	13.6

---

[1] 根据张宇等计算，1990 年，我国劳动报酬占 GDP 的比重为 53.4%，2008 年下降至 43.7%（为最低点），2017 年提高至 47.5%。参见张宇等著：《中国特色社会主义政治经济学——制度·运行·发展·开放》，高等教育出版社 2021 年版，第 123 页。

续表

年份	人均 GDP（元）	人均 GDP（2017 年国际元）	中国劳动生产率（2017 年国际元）	美国劳动生产率（2017 年国际元）	中国劳动生产率相对美国水平（%）
2020 年	72000	16847	31416	130889	24.0
2025 年	95000	21679	40686	141005	28.9
2030 年	119275	25270	51072	151902	33.6
2035 年	146325	33501	62737	163642	38.3
1990—2020 年增速	13.4	9.9	8.7	1.5	
2020—2035 年增速	4.8	4.7	4.7	1.5	
1990—2020 年增速	13.4	9.9	8.7	1.5	
2020—2035 年增速	4.8	4.7	4.7	1.5	

注：本表系购买力平价（PPP），按 2017 年价格计算。

1990—2020 年人均 GDP（元）数据来自国家统计局编：《中国统计摘要 2021》，中国统计出版社 2021 年版；第 24 页；劳动生产率（元）的计算数据来自国家统计局编：《中国统计摘要 2021》，中国统计出版社 2021 年版，第 23 页、40 页。

2025—2035 年数据系作者测算。

第三，劳动年龄人口平均受教育年限。习近平总书记明确指出："高质量发展需要高素质劳动者，只有促进共同富裕，提高城乡居民收入，提升人力资本，才能提高全要素生产率，夯实高质量发展的动力基础。"[1] 该指标是指一国劳动年龄人口平均接受学历教育（含成人学历教育，不含非学历培训）的年数，充分反映人力资本水平和劳动者质量即人口素质。我国劳动年龄人口平均受教育年限从 2010 年的 9.7 年增至 2020 年的 10.8 年，平均每年增加 0.11 年，预计到 2025 年提高到 11.3 年，2035 年将达到 12.3 年，年均增速为 0.9%（见附录），高于 2018 年极高人类发展水平国家平均水平（12.0 年）。[2] 按全国总人力资本（劳动年龄人口与人口平均受教育年限之积）计算，从 2020 年的 108 亿人年提高至 2035 年的 120 亿人年。尽管中国有可能成为世界第二大人口之国，居印度之后，但始终是世界第一大人力资源之国，年均人力资本增速为 0.7%，在人口数量红利下降的同时，人力资本红利持续上升，成为我国经济持续增长的重要来源之一。需要特别指出的是，中国仍然是世界上劳动力规模最大的国家，2020 年相当于印度的 1.63 倍，[3] 主要的原因是中国的女性劳动参与率 2019 年高达 68.6%，大大高于印度女性劳动参与率（22.3%），也高于美国的女性劳动参与率（67.9%）。[4]

第四，人才资源。人才是指具有一定的专业知识或专门技能，进行创造性劳动并对社会作出贡献的人，是人力资源中能力和素质较高的劳动者，是经济社会发展的第一资源。[5] 我国人才资源总量从 2010

---

[1] 习近平：《扎实推动共同富裕》，《求是》2021 年第 20 期。

[2] 联合国计划开发署。

[3] 世界银行数据库。

[4] 世界银行数据库。

[5] 参见《国家中长期人才发展规划纲要（2010—2020 年）》，中国政府网 2010 年 6 月 6 日。

年的 1.2 亿人增长至 2020 年的 2.2 亿人，净增 1 亿人，相当于就业总数比重从 15.8% 提高至 29.3%。其中，专业技术人才 7840 万人，占比为 35.6%，各类研发人员全时当量 509 万人年。到 2035 年，人才总量将超过 3.2 亿人，至少再增加 1 亿人，相当于就业总数比重 45% 以上。其中，专业技术人才占一半以上，各类研发人员全时当量再翻一番以上，突破 1000 万人年。届时，我国人才的规模优势、比较优势、竞争优势将更加凸显，将如期实现党的十九届五中全会提出的 2035 年我国"进入创新型国家前列"、建成"人才强国"的战略目标。

总之，中国仍处在快速发展阶段，这是共同富裕的有利条件，即首先全体人民要富裕起来，从中高收入水平迈向高收入水平，进而达到中等发达国家水平。这就需要劳动致富，即全员劳动生产率的持续增长，"提升全社会人力资本和专业技能"，"给更多人创造致富机会"。[1]

二、发展机会指标

第一，常住人口城镇化率。我国仍处在城镇化加速阶段，这是实现共同富裕的重要驱动因素。2020 年，我国城镇人口达到 9.02 亿人，占世界城镇总人口比重的 20.7%，相当于美国城镇人口的 3.2 倍[2]，常住人口城镇化率已达到 63.89%[3]，已高于世界城镇化率（56.15%），但

---

[1] 习近平：《扎实推动共同富裕》，《求是》2021 年第 20 期。

[2] 世界银行数据库。

[3] 2002 年，国家发展改革委员会预测：今后我国城镇化率年均提高一个百分点，到 2020 年城镇化率超过 50%。参见本书编写组：《十六大报告辅导读本》，人民出版社 2002 年版，第 80 页。

仍然明显低于 OECD 国家城镇化率（81.5%）[①]，常住人口城镇化仍有巨大的发展空间[②]。预计到 2025 年，常住人口城镇化率将达到近 70%，城镇人口将超过 10 亿人；到 2035 年，将达到 78%—80%，接近 OECD 国家城镇化率，预计我国城镇总人口将超过 11.3 亿人，超过 2020 年 OECD 国家城镇人口数（11.1 亿人），平均每年增加 1300 万人。未来中国城镇化发展应大幅度提高户籍人口城镇化率，由 2020 年的 45.4% 提高至 2035 年的 70% 以上，城镇户籍人口从 2020 年的 6.41 亿人增加至 10 亿人以上，实现城镇常住人口与户籍人口共同驱动。这就需要加快新增城镇人口市民化、基本公共服务均等化（可称为城镇化的"新两化"），既充分体现了以人民为中心的发展思想，更是扩大城镇乃至全国内需的人口增长动力。与此同时，农村总人口将从 5.10 亿人减少至 3 亿人左右[③]，即用 15 年再向城镇转移 2 亿人左右的农村人口[④]，加快提高农业转移人口市民化进程。这"一加一减"将明显增加我国中等收入人口总规模，明显减少低收入人群（人均可支配收入在 3 万元以下，2020 年价格），也有助于持续缩小城乡收入消费差距，从 2020 年的 1.97 倍减少至 1.50 倍左右，基本实现城乡人口公共服务均等化，进一步加快促进全体人民走向共同富裕。为了避免产生对进城务工人口的歧视，建议不再采用非户籍人口的提法，可

[①] 世界银行数据库。

[②] 我国城镇人口从 2010 年的 66558 万人增加至 2020 年的 90199 万人，增加了 23641 万人，平均每年增加约 2364 万人。

[③] 2010—2020 年，全国农村总人口已经减少 1.64 亿人，城镇人口增加 2.36 亿人。

[④] 我国农村总人口从 2010 年的 67414 万人到 2020 年降至 50379 万人，累计减少了 17035 万人，平均每年减少约 1700 万人。

统称为"新市民"。他们既是城市人口的重要组成部分，也是经济社会发展的活力所在，这样才能更好地体现社会公平。

　　第二，城镇新增就业人数。该指标是指城镇新增就业人数减去自然减员（因退休和伤亡等原因）人数所得的差，既是反映经济增长创造就业岗位的发展性指标，也是实现共同富裕的基础性指标。就业优先政策是我国三大宏观经济政策之一，更是宏观经济核心目标之一，充分体现"就业是民生之本"。"十三五"时期，我国城镇新增就业人数累计达到6564万人，超过5000万人的预期目标，平均每年新增就业人数高达1313万人。未来一个时期，我国城镇仍然面临就业总量压力和就业结构性矛盾，每年高校毕业生等新生劳动力在1000万以上，大量农村劳动力转移就业。例如，我国家政行业从业人员达到3000万人，其中约有90%来自农村地区。"十三五"时期，家政服务业营业收入年均增速超过20%，而目前家政服务业人员缺口超过2000万人，有极大的发展空间。[1]还有各种重点群体就业，需要持续扩大城镇就业容量，开辟就业新渠道。在"十四五"时期，城镇新增就业人数预计年均在1100万人以上，累计人数在5500万人以上，城镇就业人数从2020年的4.63亿人提高至2025年的6.13亿人，年均增速1.9%，占全国总就业人数比重将从2020年的61.6%提高至2025年的66.7%以上，到2035年提高至75%左右，也意味着再创造1.5亿以上的新增就业人数，持续创造城镇就业红利。随着城镇总人口和新市民持续增长，就业潜力巨大，同时也面临极大的就业压力。"就

---

　　[1] 参见晓眷:《充分发挥家政服务业促进农民增收的作用》,《人民日报》2021年12月17日。

业是最大的民生"，确保高质量的充分就业始终是经济发展的首要任务，也是实现共同富裕的重要途径。

第三，城镇调查失业率。该指标全面反映全国城镇就业形势，充分体现就业优先战略和积极就业政策，推动实现更加充分、更高质量的就业。根据我国劳动年龄人口结构和发展趋势，将调查失业率设定为 5.5% 以内 [1]，即可视为基本实现充分就业，处在社会可接受范围之内。

总之，"鼓励勤劳创新致富" [2] 是推进共同富裕的根本。劳动是创造财富的源泉，也是致富的根本途径。劳动不仅包括体力劳动，而且包括脑力劳动，不仅创造经济财富、科技财富、社会财富，而且也创造知识财富、文化财富、生态财富。"提高就业创业能力，增强致富本领。" [3]

三、收入分配指标

第一，居民人均可支配收入。不断提高人民收入水平，是扎实推动共同富裕的核心指标。"十四五"时期，居民人均可支配收入增长与 GDP 增长基本同步，到 2035 年，我国居民人均可支配收入实现翻一番，年均增速在 5% 左右。同时不断提高劳动报酬在初次分配中的比重，健全工资与劳动生产率同步增长机制。

---

① 2019—2020 年，我国城镇调查失业率均为 5.2%。"十四五"时期我国将把城镇调查失业率控制在 5.5% 以内，但仍会有 2500 万以上的失业者。

② 习近平：《扎实推动共同富裕》，《求是》2021 年第 20 期。

③ 同上。

第二，城乡人均可支配收入之比。我国已经进入城乡居民人均可支配收入差距逐步缩小的阶段①，从 2020 年的 2.56 倍力争到 2035 年下降至 2.0 倍以内。这是推动我国城乡居民共同富裕起来的重要标志之一。其中，农村低收入户每人每日仍未达到 10 国际元，对应的人口规模有 3600 多万人。提高这一群体的收入水平是缩小城乡居民收入差距的关键。

第三，居民人均可支配收入基尼系数。该指标用于衡量一个经济体中个人或家庭的收入分配（在某些情况下是消费支出）偏离完全平均分配的程度。根据国家统计局数据，2019 年，我国基尼系数仍高达 0.465，相对于 2008 年的高点水平（0.491）仅下降 0.026。到 2035 年要力争下降至 0.4 以下。这是一个非常艰巨的任务，这也意味着再分配对于收入分配的调节作用要大大加强。

除了这些指标外，还可以设置若干监测指标，如城镇与乡村居民人均收入基尼系数、劳动报酬占初次分配总收入比重（2019 年为 52.2%）②、最低收入 5% 的居民（约 7000 万人口）人均可支配收入和消费支出及结构（恩格尔系数）监测等。

总之，收入分配指标直接反映了我国城乡居民、不同收入组居民之间的分配情况及趋势，也是走向共同富裕最具有代表性的指标。这就需要国家和地方统计部门科学规范地做好住户收支调查，进行专业

---

① 我国城乡居民人均可支配收入相对差距已经从 2010 年的 2.99 倍下降至 2020 年的 2.56 倍，年均下降 1.5%。

② 根据 2019 年资金流量表（非金融交易）计算。参见国家统计局编：《中国统计摘要 2021》，中国统计出版社 2021 年版，第 48 页。

分析，供有关方面决策参考，并且及时向社会公布。

四、发展保障指标

第一，学前教育毛入园率。在全国实现普惠性学前教育[①]。该指标是指学前教育在校学生数占学前教育国家规定年龄组总数的比例，体现满足人民对"幼有所育"的期盼。按照"十四五"规划，我国学前教育毛入学率将从 2020 年的 85.2%（已超过 OECD 国家的水平，2019 年为 79.8%[②]）提高至 2025 年的 90% 以上；按照《中国教育现代化 2035》，2035 年学前教育毛入园率将超过 95% 的目标（见附录），可力争超过 97%，更加体现幼儿教育的公平性。从国际经验来看，学前教育具有极高的私人收益率（终身受益）和社会收益率，是不容忽视的人力资本投入领域，成为实现共同富裕的重要人力资本条件。

第二，高中阶段教育毛入学率。该指标是指普通高中、成人高中、中等职业学校在校生占高中阶段教育国家规定年龄组人口总数的比例。我国高中阶段教育已进入高度普及化阶段（毛入学率在 90% 以上），预计毛入学率将从 2020 年的 91.2% 提高到 2025 年的 92% 以上，到 2035 年提高至 97% 以上（见附录）。在此基础上逐步实行 12 年义务教育，到 2035 年，全国实现 12 年义务教育。

第三，高等教育毛入学率。该指标是指高等院校在校学生数占

---

① 普惠性学前教育包括公办幼儿园和普惠性民办幼儿园提供的学前教育。全国人大财政经济委员会、国家发展和改革委员会编：《〈中华人民共和国国民经济和社会发展第十四个五年规划和 2035 年远景目标纲要〉释义》，中国计划出版社 2021 年版，第 370 页。

② 世界银行数据库。

高等教育国家规定年龄组人口总数的比例，旨在扩大我国人才培养规模，成为产业转型升级和经济高质量发展的人力资本支撑。2020 年，我国高等教育毛入学率达到 54.4%，在学总规模达到 4183 万人，超过原定目标 3680 万人，仍处在普及化提升阶段（毛入学率大于 50%）。《纲要》提出了高等教育毛入学率到 2025 年达到 60% 的预期性目标，到 2035 年将实现《中国教育现代化 2035》提出的高等教育毛入学率达到 65% 的预期目标。我们预计到 2025 年，我国的高等教育毛入学率将达到 65% 左右，到 2035 年应当力争达到 70% 以上，接近 OECD 国家水平（2020 年为 76.8%[①]），之后进入成熟期，这是扩大中等收入规模的重要动力。预计我国大专以上人口将从 2020 年的 2.18 亿人上升至 2035 年的 3.2 亿人以上，再增加 1 亿人以上，这意味着至少增加 1 亿中等收入人群。人才作为我国社会主义现代化第一资源的作用更加凸显，创造社会财富与家庭财富的能力也更加凸显。

第四，基本养老保险参保率[②]。该指标是指参加基本养老保险的人口，反映了"老有所依"的收入保障。2020 年，我国基本养老保险参保率超过 91%，预计 2025 年可达到 95% 以上，基本实现法定参保人员全覆盖，覆盖人数超过 10 亿人，到 2035 年实现全覆盖（见附录），从而实现全体老年人口的收入保障。

第五，基本医疗保险参保率。基本医疗保险是"病有所医"的重

---

① 世界银行数据库。

② 基本养老保险参保率 = 参加基本养老保险（城镇职工基本养老保险＋城乡居民基本养老保险）人口/政策规定应参保人口（16 周岁及以上人口减去其中的全日制在校学生和现役军人）×100%。

要保障。2020 年，全国基本医疗保险参保人数达 136131 万人，参保率稳定在 95% 以上，预计到 2025 年可达到 98% 以上，到 2030 年可全覆盖。

第六，全国及城乡妇幼健康指标。该指标主要反映了城乡公共卫生服务水平及健康水平走向趋同，并率先达到 OECD 国家水平。这包括婴儿死亡率（‰）、5 岁以下儿童死亡率（‰）、孕产妇死亡率（1/10 万）指标。2020 年，我国婴儿死亡率降至 5.4‰，已低于 OECD 国家的 5.9‰（2019 年数据），5 岁以下儿童死亡率下降至 7.5‰，已接近 OECD 的 7.0‰（2019 年数据），孕产妇死亡率降至 16.9/10 万，也低于 OECD 国家的 18/10 万（2017 年数据）。

第七，每千人口拥有 3 岁以下婴幼儿托位数。该指标的意义在于有效解决我国城乡 3 岁以下婴幼儿照护服务短缺的突出性问题，实现"幼有所育"的民生目标。我国是从"十三五"时期才开始发展 3 岁以下婴幼儿托育服务的。2020 年，我国每千人口拥有 3 岁以下婴幼儿托位数仅为 1.8 个，全国托位总数仅有 254 万个。为此，"十四五"规划首次采用该指标，到 2025 年每千人口拥有 3 岁以下婴幼儿托位数达到 4.5 个，全国托位总数达到 640 万个左右，相当于 2020 年的 2.5 倍以上。

第八，养老机构护理型床位占比。该指标是指养老机构护理型床位占总床位数的比例，旨在满足人们对"老有所养"的期盼。《国家积极应对人口老龄化中长期规划》提出，养老护理型床位由 2019 年的 40% 左右，到 2022 年达到 50%、2035 年达到 80% 的目标。

第九，城镇新建保障性住房占新增住宅比重。这个指标反映了新型城镇化以人为本的理念，为城市新居民提供可支付的住房，为他们创造分享城镇化红利的机会。

第十，志愿服务站点在社区综合服务设施中的覆盖率。志愿服务发展对于建设共同富裕社会具有重要意义，有利于提升基层社会治理水平。这个指标也是民政部《"十四五"民政事业发展规划》中提出的规划指标。

第十一，乡镇（街道）范围具备综合功能的养老服务机构覆盖率。这个指标反映了在应对人口老龄化社会方面，加强社区养老服务的提供水平，构建全社会参与养老的格局。这个指标也是民政部《"十四五"民政事业发展规划》所提出的规划指标。

总之，发展保障指标是以人民为中心、反映全体人民发展能力的重要指标，也充分体现了社会主义制度的优越性——投资于人民，办好民生事业，提高人民的发展能力，增强人民的幸福感。

五、人民福利指标

第一，居民人均可支配收入。不断提高全体人民的收入水平、不断扩大中等收入群体①，是推动我国城乡居民共同富裕起来的前提条件。由于我国总人口已进入高峰平台期，可以实现居民可支配收入增长与国内生产总值增长同步，到 2035 年，全国居民人均可支配收

---

① 中等收入群体是指一段时期内，收入稳定、家庭殷实、生活舒适、消费水平和生活方式与经济社会发展水平相适应的群体。参见全国人大财政经济委员会、国家发展和改革委员会编：《〈中华人民共和国国民经济和社会发展第十四个五年规划和 2035 年远景目标纲要〉释义》，中国计划出版社 2021 年版，第 378 页。

入将会翻一番，从 2020 年的 3.22 万元达到 6.44 万元以上，按三口之家年收入从 9.66 万元达到 19.31 万元，达到国家统计局中等收入家庭标准：户均年收入在 10 万元（人均年收入 3.3 万元）到 50 万元（人均年收入 16.5 万元）之间的群体。[①] 按五等份分组的居民收入水平看（见表 4-2），进入中等收入区间的人口从 2020 年约 5.76 亿人增长至 2035 年约 11.68 亿人，仍有低收入户 20% 的人口约 2.92 亿人尚未达到中等标准。为了进行国际比较，应采用世界银行提出的国际中等收入标准：每人每日收入或支出 10—100 国际元。根据世界银行提供的私人消费购买力平价转换因子计算[②]，我国居民每人每日收入将从 2020 年的 21 国际元上升至 2035 年的 42 国际元，均达到中等收入水平，成为世界超大人口规模的中等收入社会，也成为全体人民共同富裕的重大标志。其中，高收入户的 20% 人口人均每日收入达到 100 国际元以上，进入世界高收入水平；中间偏上户的 20% 则达到 50 国际元以上；中间收入户的 20% 达到 30 国际元以上；中间偏下户的 20% 也在 20 国际元以上；低收入户的 20% 超过中等收入的底线，成为国家和社会帮扶的重点人群。我国将大致形成 4 比 1 的再分配或三次分配新格局，即集中 80% 的人口帮扶 20% 的重点人群，更好地体现社会主义制度的优越性。可以考虑设计国家或地区基本收入标

---

① 参见全国人大财政经济委员会、国家发展和改革委员会编：《〈中华人民共和国国民经济和社会发展第十四个五年规划和 2035 年远景目标纲要〉释义》，中国计划出版社 2021 年版，第 378 页。

② 购买力平价转换因子是指在国内市场购买与在美国使用一美元购买同样数量的货物和服务所需要的一个国家的货币单位的数量。这个转换因子是适用于私人消费的（即家庭最终消费支出）。

准，基于此标准实施中央对地方的直接转移支付，转移支付规模约占
GDP 比重 2% 左右，用于补贴或支持 20% 的重点人群。低收入人群，
总人口规模不足 3 亿人，主要是农村低收入人群。我们将使其人均每
日收入从 10.4 国际元增加至 20 国际元左右，充分体现社会主义社会
"弱有所扶"的制度优势。

表 4-2　全国及按五等份分组居民人均
可支配收入（2020—2035 年）

	中国标准：人均年均收入（元）		国际标准：人均每日收入（2017 年国际元）	
	2020 年	2035 年	2020 年	2035 年
全国居民	96564	193128	21.2	42.4
低收入户（20%）	23607	47214	5.2	10.4
中间偏下户（20%）	49329	98658	10.8	21.7
中间收入户（20%）	78747	157494	17.3	34.6
中间偏上户（20%）	123516	247032	27.1	54.2
高收入户（20%）	240882	481764	52.9	105.8
城镇居民	43834	87668	28.8	57.5

续表

	中国标准：人均年均收入（元）		国际标准：人均每日收入（2017 年国际元）	
	2020 年	2035 年	2020 年	2035 年
农村居民	17132	34264	11.2	22.5
农村居民低收入户（20%）	4682	9364	3.1	6.1
农村居民中间偏下户（20%）	10392	20784	6.8	13.6

注：2020 年数据来源于国家统计局编：《中国统计摘要 2021》，中国统计出版社 2021 年版，第 59 页；2035 年数据系按人均收入倍增目标测算；国际元系按 2019 年的私人消费转换因子 4.176 测算。

第二，城乡居民恩格尔系数。恩格尔系数是指家庭食品消费支出占消费总支出的比重，与人均收入或消费水平成反向相关关系，可以反映城乡居民实际生活水平和质量。改革开放以来，我国城乡居民恩格尔系数呈持续快速下降与趋同（见表 4-3），从绝对贫困（60%以上）到温饱（50%以上）、到小康（40%以上）、再到富裕（30%以上），将先后进入更富裕（小于 30%）阶段。预计两项指标将分别从2019 年的 27.6% 和 30.0% 下降至 2025 年的 25.5% 和 27.9%，到 2035年进一步下降至 21.3% 和 23.0%。这充分体现出"更高品质生活"水平，也反映了城乡居民实际生活水平差距显著缩小的趋势。

表4-3 我国城乡居民家庭恩格尔系数
（1978—2035年）

年份	城镇居民家庭（%）	农村居民家庭（%）
1978	57.5	67.7
2000	37.7	49.1
2010	35.7	41.1
2019	27.6	30.0
2025	25.5	27.9
2030	23.4	25.8
2035	21.3	23.0

1978、2000、2010年数据来自国家统计局编：《中国统计摘要2012》，中国统计出版社2012年版，第104页；2019年数据来自国家统计局编：《中国统计摘要2020》，中国统计出版社2020年版，第57页；2025、2030、2035年数据系作者测算。

第三，人均预期寿命。该指标是指新出生婴儿预期可存活的平均年数，综合体现了医疗卫生、人民健康、生活质量和社会发展状况，是联合国人类发展指数的三个合成指标之一，也是充分反映健康公平的客观指标。现代化最重要的指标还是人民健康，这是人民幸福生活的基础。习近平总书记指出："人民健康是社会主义现代化的重要标志。"① 到 2025 年，我国人均预期寿命再提高 1 岁，达到 78.5 岁。《"健康中国 2030"规划纲要》提出，到 2030 年达到 79 岁的目标。到 2035 年，将达到 79.5 岁（见附录）②，接近 OECD 国家水平（2019 年为 80.9 岁③）。到 2030 年我国人均预期寿命得到较大提高，居民主要健康指标水平进入高收入国家行列，健康公平基本实现。④ 为此可引入人均健康预期寿命指标，与人均预期寿命指标同步提高。

第四，人类发展指数。该指标是联合国倡导衡量人类发展水平的核心指标，即以"预期寿命、教育水平和生活质量（人均总国民收入，购买力平价，2011 年国际元）"三个维度，采用标准化计算方法得出的综合指标。2019 年，我国人类发展指数达到 0.761，位居世界 189 个国家中的第 85 位。到 2035 年，预计我国人类发展指数将提高至 0.850（见表 4-4），排在世界前 40 位。⑤ 这是中国成为中等发达国家的综合衡量标志之一。人类发展总值（指人类发展指数与总人口之乘积）将从 2019 年的 10.73 亿人 HDI 上升至 2035 年的 12.26 亿人 HDI，累计增长 14.3%，年均增长率为 0.8%。为此，笔者特别建议

---

① 《在服务和融入新发展格局上展现更大作为　奋力谱写全面建设社会主义现代化国家福建篇章》，《人民日报》2021 年 3 月 26 日。

② 根据《柳叶刀》预测，2040 年中国人均预期寿命将达到 81.9 岁。

③ 世界银行数据库。

④ 2018 年，我国人均预期寿命 77 岁，健康预期寿命为 68.7 岁，两者相差 8.3 岁，这意味着居民大致有 8 年以上时间带病生存。2019 年 7 月印发的《国务院关于实施健康中国行动的意见》提出，要实施老年健康促进行动，并且指出，面向老年人普及膳食营养、体育锻炼、定期体检、健康管理、心理健康以及合理用药等知识，健全老年健康服务体系，完善居家和社区养老政策，推进医养结合，探索长期护理保险制度，打造老年宜居环境，推动实现人口健康老龄化。

⑤ 相当于 2019 年克罗地亚的人类发展指数（0.851），其在 189 个国家中居第 43 位。

采用人类发展指数作为实现共同富裕最重要的指标，以便进行国际比较，获得国际社会（如联合国人类发展署等机构）的支持和第三方评估。这会极大地促进全球的人类发展事业，为发展中国家减少贫困、实现现代化和共同富裕提供中国方案、中国经验。

表4-4　我国人类发展指数
（2000—2035年）

年份	人类发展指数（HDI）	人均GDP（2017年国际元）	平均受教育年限	预期受教育年限	人口平均预期寿命（岁）	人类发展总值（亿人HDI）
2000	0.588	3452	6.5	9.6	71.4	7.50
2010	0.699	8885	9.0	12.9	73.5	9.37
2019	0.761	16092	10.8	13.8	77.3	10.73
2025	0.810	20969	11.3	15.0	78.3	11.66
2030	0.836	26763	11.8	15.5	79.0	12.11
2035	0.850	32860	12.2	16.0	79.5	12.26
2000—2019年均增速（%）	1.3	8.4	1.2（2010—2019）	1.9	0.4	1.9

续表

年份	人类发展指数（HDI）	人均GDP（2017年国际元）	平均受教育年限	预期受教育年限	人口平均预期寿命（岁）	人类发展总值（亿人HDI）
2020—2035年均增速（%）	1.2	4.9	0.8	1.0	0.2	0.8

2000—2019年数据：人类发展指数来源UNDP数据库；人均GDP数据来自世界银行数据库。

2025—2035年数据系作者测算。

综合我国各地区人类发展趋势，预计到2035年我国各地区将全部进入极高人类发展指数组（见表4-5）。2020年，除西藏属于中等人类发展指数组之外，全国其他地区均达到高人类发展水平，占总人口的75.7%；达到极高人类发展水平的，占总人口比重的23.8%。2020—2035年，我国所有地区人类发展指数都会大幅度提高。其中，高人类发展指数组人口占总人口比重将从2020年的75.7%下降至2035年的10.8%，极高人类发展指数组人口占总人口比重将从2020年的23.8%上升到2035年的89.2%（见表4-5），这表明90%的中国人口进入极高人类发展状态。这是2035年实现全体人口走向共同富裕的重大国际标志之一，反映了全国各地区主要公共服务均等化趋势和人类发展指数基本趋同，也是中国社会主义制度促进人类发展的有力证明。

表4-5　全国各地区（31个地区）人类发展指数组
占全国总人口比重（2020—2035年）

单位：%

组别	2020年	2025年	2030年	2035年
中等HDI组（小于0.70）	0.8	0	0	0
高HDI组（0.70—0.79）	75.7	53.4	25.5	10.8
极高HDI组（大于0.80）	23.8	46.3	74.2	89.2

注：本表数据由石智丹协助测算。

　　总之，以上促进全体人民走向共同富裕的主要目标和指标是基于国家"十四五"规划和2035年远景目标展望，充分反映了在更高发展水平基础上14亿多人民的切身利益、根本利益、长期利益，衡量了人民美好生活的改善程度，较全面地反映了全体人民共同建设共同富裕社会的宏伟蓝图和实施路线图。这既便于进行年度监测、中期评估、后期评估以及未来滚动式评价，更便于国家和地方相互衔接，保持指标体系的连续性、创新性、可操作性，并参照国际通行的主要发展指标，特别是利用人类发展指数，对全国各地区进行中长期预测。与此同时，它将从根本上改变世界经济发展与人类发展的格局，并对世界经济发展、人类发展作出中国贡献。

　　需要特别说明的是，真正实现全体人民共同富裕是新的万里长征，将是一个相当长的历史时期，包括向社会主义中级阶段过渡期以及进入中期阶段，到2035年只是朝着实现共同富裕的目标迈出了关

键性的第一步，而"良好的开端是成功的一半"，我们既要更加积极
有为地为之奋斗，更要实事求是、稳中求进，坚定不移地实行解放思
想、实事求是的务实主义路线，只有这样，才能如期实现 2035 年"全
体人民共同富裕取得更为明显的实质性进展"①。

---

① 《中共中央关于制定国民经济和社会发展第十四个五年规划和二〇三五年远景目标的建议》，
《人民日报》2020 年 11 月 4 日。

第 五 章

新时代促进共同富裕的重大任务

实现共同富裕的主要目标是：全面缩小城乡、地区发展差距以及居民收入差距，实现全体人民基本公共服务均等化，到 2035 年实现"全体人民共同富裕取得更为明显的实质性进展"。这就是中国社会主义现代化富民（共富）强国战略的重要组成部分。为此，根据"十四五"规划纲要，我们提出研究制定促进共同富裕的行动纲要，明确共同富裕的基本方向、主要目标、重点任务、路径方法和政策措施。

第　一　节

坚持社会主义基本经济制度

坚持我国社会主义基本经济制度，坚定不移地走全体人民共同富裕的道路。党的十九届四中全会对社会主义基本经济制度的内涵作了明确的规定，由公有制为主体、多种所有制经济共同发展，按劳分配为主体、多种分配方式并存，社会主义市场经济体制等，共同构成社会主义基本经济制度。这是将社会主义基本经济制度优势转化为促进共同富裕的制度保障。

推进共同富裕必须坚持社会主义市场经济体制。社会主义市场经济是与社会主义基本制度相结合的市场经济，既能充分发挥市场经济的长处，又能发挥社会主义制度的优越性；既能充分发挥市场在资源配置中的决定性作用，又能更好地发挥政府的作用，推动有效市场和有为政府的更好结合，激发全社会市场主体的创造力和市场活力，并保障经济发展成果得以合理分配。有效政府的一个重要作用就是鼓励创业、保障就业。全国市场主体既是创业主体，也是中等收入群体的主体，2021 年 9 月 6 日，国家市场监督管理局负责人指出，从 2012 年到 2021 年 7 月底，我国市场主体从 5500 万户增长到 1.46 亿户，新增了近 1 亿户，个体工商户从 4000 万户增加到 9800 万户。私营和个体就业人数从 2012 年的 19925 万人上升至 2019 年的 40524 万人 [1]，增长了一倍多，占全国就业人数比重从 26.0% 提高至 52.3%，提高了 26.3 个百分点，平均每年提高 3.8 个百分点，创造了世界最大规模的新增就业岗位。[2] 到 2035 年，我国市场主体总数还将增加 1 亿户，达到 2.5 亿户，这既是创造各类就业的主体，也是创造各种财富的经济主体，更是实现共同富裕的社会主体，共同利用和发挥我国特有的大国统一市场规模效应的主体。

坚持公有制为主体、多种所有制经济共同发展。第一，大力发挥公有制经济在促进共同富裕中的重要作用。公有制主体地位、国有经济发挥主导作用是我国各族人民共享发展成果的制度性保证，也是巩固党的执政地位、坚持社会主义制度的重要保证，为促进国家建设、稳定国家财政、改善人民生活、提供基本公共服务、缩小各种发展差距、维护国家安全发展作出了突出贡献。经过 70 多年的持续积累，我国的国有经济得到壮大，国有资本配置效率不断提高。到 2020 年，全国国有资产达到 635.2 万亿元，相当于 1978 年全国资本存量（6430 亿元）的 988 倍，其名义值年均增速为 17.8%，超过 1952—1978 年的 11.3%[3]，相当于 2020 年 GDP 总量（101.6 万亿元）的

---

① 参见国家统计局编：《中国统计摘要 2020》，中国统计出版社 2020 年版，第 40 页。

② 根据世界银行数据库的统计，2020 年，中国劳动力占世界人口的比重达到 22.9%，明显高于印度劳动力占世界人口的比重（13.9%），也明显高于中国总人口占世界的比重（18.2%）。

③ 根据笔者计算，1952 年，全国固定资产总值在 400 亿—500 亿元，其中，国有企业固定资产总值占 48%—60%；到 1978 年，全国资本存量为 6430 亿元，其中，国有企业固定资产总值占 80%，为 5144 亿元。1952—1978 年年均增速为 12.5%。参见胡鞍钢著：《中国政治经济史论（1949—1976 年）》，清华大学出版社 2008 年版，第 564 页。

6.25 倍①。总体来看，国有资产在社会总资产中仍占优势，国有经济仍占主导地位，这都属于全体人民的共同财富，也是实现全体人民共同富裕的最大资源基础。党的十八届五中全会提出，"鼓励民营企业依法进入更多领域，引入非国有资本参与国有企业改革"，国有企业特别是中央企业积极稳妥推进混合所有制改革。根据国资委公布的信息，中央企业实行混合所有制的户数占比超过 70%，上市公司成为中央企业混改的主要载体，中央企业总资产的 67%、营业收入的 65%、利润的 86% 都来自上市公司。混合所有制改革促进了各种所有制资本取长补短、相互促进和共同发展，有效提高了国有资本配置和运行效率②。因此，基于国有经济在国民经济中的基础性地位，要坚定不移地支持国有资本和国有企业做强做大做优，增强国有经济竞争力、创新力、控制力、影响力、抗风险能力。其中，"世界 500 强"的中国企业（含香港）已经从 2000 年的 9 家上升至 2020 年的 124 家，其中国有企业达到 92 家。事实上，国有企业不仅具有追求企业效益的目标，还承担着国家赋予的战略目标，如保障宏观经济、推动经济发展、维护国家安全、实现社会和谐等③，充分体现了国有经济体制优势、科技创新优势、国际竞争优势、防范重大风险优势。正如习近平

---

① 其中，国有企业资本资产总额为 268.5 万亿元，国有金融企业资产总额为 323.2 万亿元，行政事业性国有资产总额为 43.5 万亿元。此外，全国国有土地总面积 52333.8 万公顷，占国土面积总数比重的 54.5%。参见《推动布局结构优化　提升国有资本配置效率》《优化开发保护格局　提升资源利用效率》，《人民日报》2021 年 10 月 22 日。

② 参见李汶佳：《彭华岗：国资央企在四个重要方面发生了深刻变化》，《企业观察报》2021 年 10 月 18 日。

③ 参见张宇等著：《中国特色社会主义政治经济学制度·运行·发展·开放》，高等教育出版社 2021 年版，第 138—139 页。

总书记多次强调的:"国有企业是中国特色社会主义的重要物质基础和政治基础,是党执政兴国的重要支柱和依靠力量。"第二,大力发展非公有制经济,使非公有制经济在促进共同富裕中发挥越来越大的作用。改革开放以来,非公有制经济迅速发展,在促进经济增长、创造就业、创新科技、增加税收等方面发挥了"半壁江山"的作用,已经成为中国特色社会主义市场经济的重要组成部分。民营经济贡献了我国 50% 以上的税收、60% 以上的国内生产总值、70% 以上的技术创新成果、80% 以上的城镇劳动就业、90% 以上的企业数量,成为我国第一大外贸主体 [①]。非国有企业从小到大,从弱到强,进入"世界 500强"的数量,由 2004 年的 1 家上升至 2020 年的 32 家,成为"中国新兴兵团"。与西方资本主义国家私有制经济最大的不同之处在于,中国无论是公有制经济,还是非公有制经济,都是中国特色社会主义市场经济的重要组成部分,都是我国社会主义社会发展的经济基础,可视为中国东方巨人的两条腿走路,以劳动致富、创新致富,以先富带动后富,在走向"共富"道路上,二者相辅相成、相得益彰,发挥各自的优势和作用。

完善按劳分配为主体、多种分配方式并存的制度。党的十九届四中全会通过的《中共中央关于坚持和完善中国特色社会主义制度、推进国家治理体系和治理能力现代化若干重大问题的决定》首次把这一制度确立为我国的基本经济制度并加以坚持和完善。第一次分配是坚持社会主义按劳分配原则,坚持多劳多得,着重保护劳动者的劳动所

---

① 参见政武经:《基本经济制度探索与共同富裕道路》,《人民日报》2021 年 11 月 4 日。

得，特别是提高一线劳动者劳动报酬，不断提高劳动报酬在初次分配中的比重①，占初次分配总收入比重至少达到 50% 以上②，健全工资合理增长机制，特别是提高低收入群体的收入③，实施扩大中等收入群体行动计划，不断提高中等收入群体比重。坚持多种分配方式并存，不断完善按各类生产要素（劳动、资本、土地、知识、技术、管理、信息等）分配政策制度，有利于调动各类经济主体的积极性，创造各种社会财富（经济、社会、文化、知识、生态等财富）。政府应推动各类经济组织不仅履行对外社会责任，而且履行对内社会责任，缩小经济组织内部的收入差距。总体来说，初次分配是市场配置要素的结果，但是也要注重规范初次分配秩序。需要特别指出的是，王绍光认为，要遏制收入差距扩大的趋势，最重要的还是在初次分配上大做文章。

完善再分配机制。第二次分配是健全国家（政府）再分配调节机制，其核心是构建有利于共同富裕的财税政策体系，建立完善个人或家庭收入和财产信息系统，完善个人所得税制度，加强对高收入者税收调节和监管，保护合法收入，坚决取缔非法收入，合理提升所得

---

① 劳动者报酬是指劳动者从事生产活动应获得的全部报酬，既包括货币形式的报酬，也包括实物形式的报酬。

② 根据 2019 年资金流量表（非金融交易）（二），劳动者报酬总计为 51.42 万亿元，占初次分配总收入（为 98.38 万亿元）比重的 52.3%。参见国家统计局编：《中国统计年鉴 2021》，中国统计出版社 2021 年版，第 101 页。

③ 2020 年，全国五等份分组的低收入户（20%）人均可支配收入为 7869 元，相当于每人每日收入 5.2 国际元，仍低于 5.50 国际元的世界高贫困线。即使到 2035 年人均可支配收入翻一番，也刚刚超过世界中等收入每人每日 10—100 国际元的底线。

税、财产税等税种在调节收入分配中的作用①。完善高质量社会保障体系，覆盖全民。2020 年，全国社会保障卡持卡人数达到 13.35 亿人，直接惠及超过 1.2 亿退休人员，特别是基本养老保险参保率从 2020年的 90% 以上（9.99 亿人）提高到 2025 年的 95% 以上，到 2035 年实现全体人民全覆盖，同时逐步提高城乡居民基本养老金水平；卫生健康服务体系更加完善，为全体人民提供基本公共服务，实现均等化水平明显提高。

重视发挥第三次分配作用，积极发展社会慈善事业，大力倡导自觉自愿的济贫救困。大力促进企业 ESG 投资，不断提升企业社会责任意识。此外，积极探索第三次分配的实现形式，以社会体系发挥分配作用作为定义标准。发挥社会体系对于共同富裕的作用，创造一种财富向善的社会文化氛围，也是社会主义制度优越性的一个重要方面。

第 二 节

全面实施乡村振兴战略

习近平总书记指出："农业农村现代化是实施乡村振兴战略的总

---

① 根据 2019 年资金流量表，财产收入总计达到 19.22 万亿元，占初次分配总收入比重的19.5%；所得税、财产税等经常税为 47703 亿元，占初次分配总收入比重的 4.8%。参见国家统计局编：《中国统计年鉴 2021》，中国统计出版社 2021 年版，第 101 页。

目标"，"新时代三农工作必须围绕农业农村现代化这个总目标来推进。"① 这是我国"三农"工作重心的重大转移和升级。"十四五"规划提出："中国特色社会主义乡村振兴道路，全面实施乡村振兴战略，强化以工补农、以城带乡，推动形成工农互促、城乡互补、协调发展、共同繁荣的新型工农城乡关系，加快农业农村现代化。"② 这正是实现农村人口走向共同富裕的必由之路。

实现农业现代化，既是我国农业发展的核心目标，也是实施乡村振兴战略的目标。农业的根本出路在于现代化，但是我国农业现代化不是孤立的现代化，而是"四化同步"的现代化，即工业化、信息化、城镇化、农业现代化的"并联模式"。③ 但是在"四化同步"中，农业现代化既是最大的短板，也具有最大的发展潜力。可以充分利用工业化、城镇化、信息化、电商化④ 带动并促进农业现代化，为农业农村现代化赋予新动能，创新新时代农业农村发展模式。未来一段时期，我国农业现代化取得重大进展，要立足于构建现代农业产业体系，优化农业结构，农林牧副渔相结合，第一、二、三产业相融合，提升产业链、价值链，提高经济效益、生态效益、社会效益。构建现代农业

---

① 《习近平谈治国理政》第三卷，外文出版社 2020 年版，第 257 页。

② 《中华人民共和国国民经济和社会发展第十四个五年规划和 2035 年远景目标纲要》，《人民日报》2021 年 3 月 13 日。

③ 参见丛书编写组编著:《深入实施乡村振兴战略》，中国计划出版社、中国市场出版社 2021 年版，第 70 页。

④ 农业电商化是指大力发展农业电子商务等农业新形态新模式，鼓励电商平台企业开展农村电商服务，形成线上线下融合、农产品进城与农资和消费品下乡双向流通新格局，还包括实施特色农产品产区预冷工程和"快递下乡"工程。鼓励互联网企业建立产销衔接的农业服务平台，加快发展涉农电子商务。参见国家发展和改革委员会编写:《〈中华人民共和国国民经济和社会发展第十三个五年规划纲要〉辅导读本》，人民出版社 2016 年版，第 113 页。

生产技术体系与服务体系是根本支撑，加快农业机械化、水利化、信息化、智能化、绿色化、标准化建设，如2025年将农作物耕种收综合机械化率提高到75%，2035年则提高到80%以上，根本改变依靠人力畜力、"靠天吃饭"的传统农业生产方式，提高农业资源利用率、土地生产率、产品附加值率和劳动生产率，提升农业综合生产能力和抗风险能力。随着现代农业规模化、集约化、专业化发展，要加快培养新一代职业农民队伍，形成一支高素质农业企业家及生产经营队伍。

实现农村现代化既是我国现代化的重要目标，也是实施乡村振兴战略的目标。正如习近平总书记所言："农村现代化既包括'物'的现代化，也包括'人'的现代化，还包括乡村治理体系和治理能力的现代化。我们要坚持农业现代化和农村现代化一体设计、一并推进，实现农业大国向农业强国跨越。"[1]世界现代化进程表明，农业现代化和农村现代化是一个整体，必须统筹兼顾、协调推进。

农村现代化将达到新水平。"农村美"的目标基本实现，农村人居环境明显改善，特别是乡村水、电、路、气、通信、广播电视、物流等与城镇统一规划、标准、建设、管护及服务，基本达到本地城镇现代化水平。农村生态环境根本好转，美丽宜居乡村基本实现，使乡村旅游成为农村发展的新动力。农民现代化，要按照习近平总书记所要求的"把培养青年农民纳入国家实用人才培养计划，确保农业后继有人"[2]。这有赖于农民人力资本现代化水平不断提升，预计高中、高

---

① 《习近平谈治国理政》第三卷，外文出版社2020年版，第258页。

② 中共中央文献研究室编：《十八大以来重要文献选编》（上），中央文献出版社2014年版，第679页。

职文化程度以上者比重从 2018 年的 31% 提高至 2035 年的 60% 以上，特别是不断提高大专以上文化程度比例，造就一大批职业化、专业化、高质量的新型农民，促进农民就业质量显著提高。"农民富"的目标基本实现，农民劳动生产率及收入水平持续提高，预计农业劳动生产率由 2020 年的 4.4 万元 / 人提高至 2035 年的 9 万元 / 人以上，农民人均可支配收入由 1.71 万元提高至 3.5 万元以上，相当于每人每日收入为 22 国际元以上，低收入比重持续减少。乡村治理现代化目标基本实现，农村基层党组织在促进乡村治理中发挥核心作用，带领农民兴办各种合作社，发展壮大新型集体经济、混合经济，盘活农村闲置资源，推动集体与农民股东化。积极扩大农民增收渠道，增加农民各类财产性（房产、农地林地、农机、金融资产等）收入，引入各种社会资本，大力发展农村混合所有制经济，壮大农村集体经济，增加农村集体收入。健全农村低收入人口常态化帮扶机制，包括提供乡村公益性岗位，增加劳务收入，带领农民走共同富裕道路。

实施乡村振兴战略需要推进城乡一体化融合式发展，不断缩小城乡发展差距。在政策导向上，加快城乡基础设施一体化建设，促进城乡市场连通，促进城乡居民收入与消费支出趋同化，基本公共服务均等化，统一标准、制度并轨。[1]我国实施乡村振兴战略要与新型城镇化发展相结合，做到重点突出、特色突出、可持续。

加强农村低收入人口常态化帮扶。开展农村低收入人口动态监

---

[1] 参见全国人大财政经济委员会、国家发展和改革委员会编：《〈中华人民共和国国民经济和社会发展第十四个五年规划和 2035 年远景目标纲要〉释义》，中国计划出版社 2021 年版，第 317 页。

测，实行分层分类帮扶。对有劳动能力的农村低收入人口，坚持开发式帮扶，通过发展产业以及提高就业能力，帮助其提高内生发展能力，依靠勤劳致富。对脱贫人口中丧失劳动能力的人口，以现有社会保障体系为基础，按规定纳入农村低保或特困人员救助供养范围，并按困难类型及时给予专项救助、临时救助。[①] 脱贫攻坚目标任务完成后，把"十四五"时期作为脱贫县的脱贫巩固发展期，做到扶上马送一程。过渡期内保持现有主要帮扶政策总体稳定，并逐项分类优化调整，合理把握节奏、力度和时限，逐步实现由集中资源支持脱贫攻坚向全面推进乡村振兴平稳过渡，推动"三农"工作重心的历史性转移。抓紧出台各项政策完善优化的具体实施办法，确保工作不留空档、政策不留空白。

第 三 节

全面实施新型城镇化战略

新型城镇化就是以人为本的城镇化，以提高城镇发展的包容性、宜居性和可持续为目标。未来，我国新型城镇化仍具有巨大的发展空

---

① 参见《中共中央国务院关于全面推进乡村振兴加快农业农村现代化的意见》,《人民日报》2021 年 2 月 22 日。

间和社会需求，持续大规模吸纳新市民，到 2035 年至少吸收 2 亿以上农村转移人口。2020 年，我国常住人口城镇化率为 63.89%，而户籍人口城镇化率仅为 45.4%，两项指标仍有较大提升空间，两项指标差距也需大幅度缩小。到 2035 年，常住人口城镇化率达到 80% 左右，人口规模从 2020 年的 9 亿人扩大至 11.6 亿人左右，增加 2.6 亿人左右。即使如此，仍小于 2005—2020 年城镇新增常住人口 3.4 亿人的规模。提高常住人口城镇化率仍是今后我国经济发展、社会进步的最大动力，更是实现全体人民走向共同富裕的重点领域。主要政策措施包括以下几个方面。

第一，深化和加快落实户籍制度改革，加快农业转移人口市民化。2020 年，全国城镇人口占总人口的比重为 63.89%，但是其中仍有 2.61 亿农业户籍人口，如果就地转化，可提高 18.5 个百分点。根据"十四五"规划，优先落实两大落户目标与政策：全部取消城区常住人口 300 万以下的城市落户限制，全面放宽 300 万—500 万的 I 型大城市落户条件，逐步落实城区常住人口 500 万以上的超大特大城市积分落户政策。到 2030 年左右，全国绝大多数大城市、超大城市基本实行居住证制度，取代户籍制度。因此，加快城镇化进程的本质，就是加快农业户籍人口市民化，加速转移农民、大规模减少农民，才能使农民富裕起来。

第二，进一步完善基本公共服务体系的覆盖水平和接入水平。以常住居住地为标准，为城镇居民提供养老、医疗、教育等基本公共服务。个人的社会保障可以实现跨省转接，方便异地结算。中央转接支付要充分考虑各地区公共服务支出的财政承担能力，不断提升地区之间、城乡之间的基本公共服务的均等化水平。各地政府应全面盘查公共物业资源，作为服务"一老一小"人口的物业资源投入，减少农村留守老人和留守儿童。

第三，积极推动以县城为主要载体的城镇化建设。这是吸纳本地农村人口、小城镇人口的重要载体。县域经济发展是未来中国城镇化的一项重要任务，也是县域城镇化发展的最根本动力。随着中国城镇化迈向更高水平，我国各地区县域经济发展将呈现相对分化，不同县域的人口分布也会发生显著变化。因此，要客观认识县域城镇化发展这一基本趋势，既要充分发挥本地资源优势、产业优势发展县域经济，同时也要遵循中国城镇化发展的格局演变，减少部门县域城镇建设过度的现象。此外，要充分利用数字化赋能的潜力，提升县域经济发展的内生动力。

第 四 节

全面实现基本公共服务均等化

要坚持尽力而为、量力而行，完善公共服务政策体系。[①]围绕增进全体人民福祉，着力解决社会公平正义问题，实现发展成果共同

---

① 参见《中央经济工作会议在北京举行》，《人民日报》2021 年 12 月 11 日。

分享，就要全面实现全体人口基本公共服务均等化。政府提供基本公共服务就是投资于人民，这是我国社会主义制度优越性的具体体现和巨大规模优势，以相对低的成本、相对高的质量为人民提供基本公共服务，不断提高完善基本公共教育、基本就业创业、基本社会保险、基本医疗卫生、基本社会服务、基本住房保障、基本公共文化教育等基本公共服务水平标准。在"十四五"规划的基础上，进一步明确 2030 年、2035 年的主要公共服务目标，由此细化国家基本标准及动态调整；健全常住地提供基本公共服务制度，促进和实现城镇常住人口及家庭基本公共服务均等化；根据经济发展水平以及人均收入水平，不断提升城乡基本公共服务均等化水平；提高区域间基本公共服务均等化水平；加快城乡融合发展、基本公共服务标准统一、政策并轨进程；① 重点是提高县乡村基本公共服务标准和供给，实现乡村社区家庭人口基本公共服务全覆盖，提升城乡基本公共服务均等化水平以及保障水平。

明确各级政府提供基本公共服务的职责。合理增加中央和省级政府基本公共服务事权和支出责任，重点在于不断完善基层综合服务管理平台，提高基层政府提供公共服务的规范化、专业化、信息化水平，创新公共服务提供方式。

大力促进非基本公共服务均等化。加快制定非基本公共服务标准和清单，支持社会各方参与和扩大普惠性服务供给，包括以公建民

---

① 参见全国人大财政经济委员会、国家发展和改革委员会编：《〈中华人民共和国国民经济和社会发展第十四个五年规划和 2035 年远景目标纲要〉释义》，中国计划出版社 2021 年版，第 317 页。

营、政府购买服务、政府和社会合作等多样化方式提供多样化非基本公共服务，满足各方多样化民生需求，促进地方多样化服务业发展。

完善公共服务政策保障体系。一是不断提高一般公共预算收入占 GDP 的比重，第一步要达到 2015 年的 22%，第二步进一步提高至 25% 左右，才能基本满足 14 亿多人民的基本公共服务需求。二是提高基本公共服务效率，包括服务人口规模、重点人群、重点地区，以及主要民生指标的改善，尤其是就业、社会保障、健康、教育、文化及困难人员（如低收入人群、残疾人）等。特别是优先推进基本养老保险全国统筹，有利于保障和便利老年人口养老金的发放。

第 五 节

重点支持特殊类型地区
全面振兴发展

我国区域不平衡发展特征将长期存在，我们应举全国之力，重点实施全面振兴发展战略。这包括革命老区（中央苏区、陕甘宁、大别山区、左右江地区、川陕、沂蒙老区）、民族地区、边境地区 ①、脱贫

---

① 我国是世界上陆地边界线最长和邻国最多的国家，陆地边界线总长约 2.2 万千米，与 14 个国家接壤。

地区①、生态退化地区（包括高海拔地区）、资源枯竭型地区和老工业城市等，涉及近 4 亿人口。② 这些地区经济社会发展水平相对落后，成为我国区域协调发展的突出短板，还是我国生态环境脆弱地区，担负着生态安全、能源安全、边疆安全等重要功能，是国家区域协调发展战略的难中之难、重中之重，需要国家实施全面振兴战略。

实施可持续发展、高质量发展、绿色发展、协同发展、共同发展大战略，逐步实现共同富裕目标，着力推进特殊类型地区全面振兴发展。针对不同类型地区精准施策，解决相对贫困长效扶持机制，不断激发内生发展动力，预计经过三个五年规划，到 2035 年特殊类型地区在人均地区生产总值和居民人均收入等方面高于全国平均水平，力争缩小与全国平均水平的差距，力争基本公共服务接近或达到全国平均水平，提高基础设施互联互通水平，提升经济社会生态发展水平，逐步缩小特殊类型地区与发达地区之间的发展差距。

国家发改委《"十四五"特殊类型地区振兴发展规划》，构建了全面振兴"1+N"政策体系。在此基础上，可分别制定不同类型地区振兴发展区域规划和专项规划，完善中央统筹、省负总责、市县抓落实的工作机制；突出解决经济发展水平相对落后、产业结构相对单一、居民收入水平相对较低、基本公共服务能力相对不足、基础设施互联互通、效率相对不高、资源枯竭、生态环境相对恶劣等长期性突出问

---

① 到 2020 年，全国共计 832 个贫困县全部摘帽，12.8 万个贫困村全部出列，14 个集中连片特困地区区域性贫困问题得到解决。参见国务院新闻办公室：《人类减贫的中国实践》，《人民日报》2021 年 4 月 7 日。

② 参见国家发改委编写组：《推动脱贫攻坚和特殊类型地区振兴发展》，中国计划出版社 2020 年版，第 226—227 页。

题；准确谋划区域发展定位，精准施策、健全长效帮扶机制，不断提升内生发展能力和动力，以增进民生福祉为核心目标，开拓振兴发展新模式、新局面，充分发挥多样化的比较优势，把独特的不可替代的红色文化、民族文化生态优势转化为经济优势，发展特色旅游产业，强化保障边境安全、生态安全、资源安全、产业安全，提供全国性、地区性等公共产品，与全国各地一起，"一兴百兴""一富百富""一强百强"。

第 六 节

重点帮扶低收入特殊
困难人群

所谓低收入人群主要是指20%的低收入户，约有2.82亿人分属于1亿户左右家庭。2020年，低收入人群人均可支配收入为7869元，相当于每人每日5.2国际元，即使到2035年人均收入翻一番，也只能达到每人每日10国际元以上，属于国际中等收入底线。这部分人大致分为两大类：一类是缺乏劳动能力、缺乏收入的困难群体。截至2019年底，我国分别有1153万困难残疾人和1433万重度残疾人，合计2586万人，占全国总人口比重的1.85%，补贴覆盖率达到100%。目前这类群体基本被纳入最低生活保障。到2020年底，全国有700

多万建档立卡的贫困残疾人如期脱贫，963.4 万残疾人被纳入最低生活保障，近 300 万贫困重度残疾单独施保，[①] 这一群体共计 1963.4 万人，占总人口比重的 1.40%，仍是国家重点帮扶的特殊人群。国家应继续加大力度实施困难残疾人生活补贴和重病残疾人护理补贴专项制度，基本社会保障（医疗保障、养老金、低保等）应保尽保，逐步提高最低生活保障水平，兜住基本生活底线，为特殊困难人群"雪中送炭"。完善残疾人就业支持体系，在就业、培训、劳动保护等方面提供支撑，使他们有机会尽其所能，创造财富，实现某种程度的经济自立，充分体现社会主义制度优越性。一类是占全国 20% 的主要居住在农村地区、中西部地区、生态环境脆弱区的低收入户。他们具有劳动能力、劳动意愿，主要是缺乏劳动机会（相当于剩余劳动力），更缺乏增收机会。这就需要为他们创造更多的发展机会，使其从农业劳动力转变为非农业劳动力，从农业人口转变为非农业人口，从非熟练劳动力转变为较熟练或有一技之能的劳动力，使他们的务工收入占家庭收入的比重不断提高。[②] 大力帮扶他们走出困境，尽早从低收入水平（2020 年为人均收入 7869 元，相当于每人每日 5.2 国际元）进入中等收入水平（年收入 15000 元，相当于每人每日 10 国际元），

---

① 参见《脱贫路上不掉队——中国残联助力残疾人脱贫攻坚综述》，《人民日报》2021 年 4 月 30 日。

② 根据国家统计局公布的数据，2016—2019 年，贫困地区农村居民工资性收入的比重从 34.1% 提高到 35.3%，年均名义增长率为 12.5%。根据国务院扶贫开发小组领导办公室公布的数据，2019 年，全国有 2729 万贫困劳动力外出务工，涉及全国 2/3 的贫困人口，务工收入占到这些家庭收入的 2/3。参见陈锡文、韩俊主编：《中国脱贫攻坚的实践与经验》，人民出版社 2021 年版，第 8 页。

并持续增长。

怎样确定我国最低生活保障支出标准？有两种不同标准可以选择：一是继续制定国内最低收入标准。如在 2010 年现行农村贫困标准基础上制定 2020 年农村最低生活保障支出标准，为 4600—5000 元，相当于 2010 年标准（2300 元）的 2 倍左右。全国贫困地区农村居民人均可支配收入，从 2013 年的 6079 元增长到 2020 年的 12588 元，按 2020 年价格，力争到 2035 年达到 2.5 万元以上。[①] 为此，国家赋权各地（省级）确立农村人均可支配收入最低标准，不断调高当地最低生活保障支出标准。二是参照国际标准。例如，世界银行国际高贫困线标准（每人每日收入 5.5 国际元）。按照这个贫困线标准，我国贫困发生率从 2010 年的 53.5% 下降至 2016 年的 24.0%，下降了 29.5 个百分点，平均每年下降约 4.9 个百分点，明显低于世界平均贫困发生率（44.8%），略高于中高收入国家贫困发生率（22%），明显高于高收入国家贫困发生率（1.5%）。[②] 参照世界银行的私人消费购买力因子，我国贫困地区农村居民每人每日收入从 2013 年的 4.3 国际元上升至 2020 年的 8.2 国际元。[③] 此外，如果考虑到政府为他们提供的各类政策性补贴，如义务教育的免学杂费、免费提供教科书和对家庭经济困难的寄宿生补贴生活费、基本医疗保险、大病保险、医疗救

---

① 2020 年，西部农村地区人均可支配收入为 14111 元，到 2035 年翻一番，将超过 2.8 万元。

② 世界银行数据库。

③ 2013 年、2020 年，中国私人消费购买力因子分别为 3.838 和 4.225。数据来源：世界银行数据库。

助（人均综合保障减负额达 474 元）、危房改造（户均补贴 1.6 万元），我国农村居民所享受到的实际的经济福利水平远高于国际高贫困线水平。正是因为我国在"十三五"时期实施前所未有的脱贫攻坚战，到 2020 年，我国实际上也已经大幅度减少国际高贫困线标准下的贫困人口。到 2035 年，我国贫困地区人均可支配收入可以再翻一番以上，人均每日收入将超过 16.4 国际元，实现进入国际中等收入水平的收入区间。

需要说明的是，"十四五"规划的经济社会发展主要指标中，共有 7 项民生福祉指标，没有再将"农村贫困人口脱贫"作为指标，但这并不意味着中国的脱贫任务已经彻底完成。按每人每日支出 5.5 国际元的贫困线标准，2020 年我国仍有 5% 左右的人口，即约 7000 万贫困人口，预计"十四五"结束时，我国也将基本消除世界银行国际高贫困线标准下的贫困人口，原有的脱贫攻坚成果得到进一步巩固。中国将从消除绝对贫困阶段进入减少相对贫困阶段，可以充分地利用 90% 以上的人口即 12.7 亿人来共同帮助 7000 万的国际高贫困线人口永久摆脱贫困。由于我国总人口基数大，任何一个百分点的相对贫困发生率，都涉及 1400 万人左右，因此，在实际操作中可采用"特殊困难人群"的称谓，根据不同特殊困难人群实行不同目标导向的精准帮扶政策。

总之，把我国建成世界最大的共同富裕社会，是一个长期的、十分艰巨的伟大目标和任务，这将开创人类发展的新道路。中国之所以能够在过去 40 多年的时间内将世界最大的绝对贫困社会建设成为世界最大的中高收入的全面小康社会，最根本的原因就是中国共产党的正确领导。如果说"没有共产党就没有新中国",那么"没有共产党就没有全面小康中国"。同样,未来,"没有共产党就没有共同富裕的中国"。

第 六 章

促进共同富裕的政策思路和建议

第 一 节

制定促进共同富裕的行动纲要

根据《中华人民共和国国民经济和社会发展第十四个五年规划和2035 年远景目标纲要》，制定到 2035 年实现共同富裕的行动纲领和实施方案，明确政治、经济、社会、文化、生态建设等领域发展的主要途径。

制定促进共同富裕的政策体系，主要包括：高质量发展、收入增长与收入分配、创业与就业政策、教育与开发人力资源政策、基本公共服务均等化与非基本公共服务政策、社会保障与转移支付政策、区域协调发展政策、城乡融合发展政策等。

既要坚持全国一盘棋、统筹谋划，又要鼓励地区主动创新、各显其能。鉴于 2021—2035 年我国各类人口的收入将超过中等收入的国际标准底线（人均每人每日收入或支出 10—100 国际元）①，由于各地实际生活水准和价格水平差异甚大，建议不使用发达国家相对贫困人口的全国统计口径，可继续沿用城乡困难人群或家庭口径，逐步统一城乡居民最低收入保障制度，把最低收入保障作为特殊人群的收入来源兜底。事实上，城乡居民最低保障体系成为政府对特殊人群的直接转移支付。由各地区根据发展水平和能力确定当地最低收入保障标准，作为主体责任，纳入地方实施方案，中央财政对中西部等地区特别是已脱贫的地区，继续加大直接补贴配套的力度，发挥国家再分配职能。此外，最低收入保障体系应当与养老金体系对接，最终做到所有非劳动个体均被社会保障覆盖。

第 二 节

在高质量发展中促进
共同富裕

推进共同富裕是具有时代特征的。在中国特色社会主义新时代，推进共同富裕必须立足于高质量发展，立足于"五位一体"总体布

---

① 贫困地区农村居民人均可支配收入，从 2013 年的 6079 元增长到 2020 年的 12588 元，相当于每人每日收入从 4.0 国际元上升至 8.3 国际元。这已经超过世界银行提出的国际高贫困线，即每人每日支出 5.5 国际元。

局。实现共同富裕目标，首先要通过全国人民共同奋斗把"蛋糕"做大做好，然后通过合理的制度安排把"蛋糕"切好分好。这是一个长期的历史过程，要稳步朝着这个目标奋进。①

我国经济已进入高质量发展阶段。高质量发展必须充分体现新发展理念，即创新成为第一动力，协调成为内生特点，绿色成为普遍形态，开放成为必由之路，共享成为根本目的的发展。高质量发展就是为了更好地满足14亿多人民日益增长的美好生活需要的发展。进入新发展阶段，以习近平同志为核心的党中央把实现全体人民共同富裕摆在更加重要位置上，必须坚持通过推动高质量发展、通过共同艰苦奋斗促进共同富裕。②

我国社会将进入高人类发展组。这意味着全国各地将从高人类发展水平进入极高人类发展水平（HDI > 0.800）（见表4-4和表4-5）。意味着我国的经济发展、人民的健康和教育水平整体再迈上一个新台阶，标志着共同富裕水平得到显著提升。

有序规范发展共享经济，提升资源利用效率。共享经济是伴随数字互联技术变革而出现的一种创新商业形态，可提高资源利用效率进而提升经济增长质量，可通过共享资源创新生产方式转换经济增长模式。发展共享经济有助于创造就业岗位，有助于推进实现共同富裕。我国拥有世界上规模最大的互联网用户并已经有多个快速成长起来的数字平台，伴随形成新的社会共享经济形态，也成为推动共同富裕

---

① 参见《中央经济工作会议在北京举行》，《人民日报》2021年12月11日。
② 参见刘鹤:《必须实现高质量发展》，《人民日报》2021年11月24日。

的新途径。根据《中国共享经济发展年度报告（2021）》，2020年我国共享经济交易规模3.38万亿元，占全国GDP总量的3.3%。共享经济参与者人数约8.3亿人，占总人口比重为58.8%，参与提供服务者人数约8400万人，相当于总就业人员比重的11.2%。2021—2035年，我国共享经济年均增速将保持在10%以上。 共享经济已经成为中国特色社会主义新型经济形态、绿色可持续发展模式，并创造了难以统计的就业岗位和致富渠道。

与此同时，针对目前共享经济发展过程中大型平台对市场支配的不正当竞争行为，要进行有效的市场行为规范、引导、监督和治理，以保护海量的个人信息和消费者权益，引导并鼓励共享经济有序发展，使其成为实现共同富裕的重要途径。此外，应当充分肯定共享经济通过灵活用工模式在"稳就业""保民生"方面发挥的积极作用，同时也要加强对共享经济平台企业的引导，明确平台企业的社会责任，积极主动地维护就业人员的权益。

第 三 节

坚持就业优先的基本国策

共同富裕要靠勤劳和智慧来实现，这就要求共同富裕以更加充分、更高质量的就业作为基本保障，不仅要创造更多的就业机会，实现就业公平，而且要使就业者能够爱岗敬业，提高就业者的获得感和自我实现机会。

就业始终是我国最大的民生之本，我们党始终把就业放在经济社会发展的优先位置。我国之所以如期实现了全面建成小康社会的第一个百年奋斗目标，就是因为党中央、国务院始终把就业工作摆在经济发展的突出位置，有效实施就业优先战略，促进我国城镇就业规模持续扩大，不断吸纳农村劳动力，使农村就业规模持续下降，农业劳动力转移人数持续保持高位。2000—2020 年，全国城镇就业人数增加了 23120 万人，平均每年增加 1156 万人 [①]，创造了世界最大规模的就业和新增就业岗位。

今后，随着我国城镇化的进一步发展，城镇创造就业岗位的压力依然很重。预计到 2035 年，我国城镇就业规模可能再增加 1.5 亿人左右，每年新增 1000 万人以上，从 2020 年的 4.6 亿人上升至 6 亿人以上。党中央提出了新时代就业工作的总目标，即努力实现更加充分更高质量的就业。为此，要继续实行将就业放在宏观政策优先位置。一是实现更加充分就业目标，千方百计扩大城镇就业容量，确保每年新增城镇就业 1000 万人以上 [②]，充分吸收农村转移城镇劳动力以及退役军人等重点群体。二是促进就业结构优化。第三产业已经成为吸纳新增就业、转移就业的最大产业，预计占总就业比重将从 2020 年的 47.7% 提高至 2035 年的 60% 以上。在政策导向上要进一步为第三产

---

① 参见国家统计局编：《中国统计摘要 2021》，中国统计出版社 2021 年版，第 40 页。

② 国家"十三五"规划提出城镇新增就业人数 5000 万人以上，实际新增 6564 万人，平均每年新增 1313 万人。

业发展创造政策红利，特别是要充分发挥第三产业部门内的新产业、新业态和新模式的作用。三是实现更高质量就业目标，确保劳动报酬或工资水平与劳动生产率同步持续增长，而且使就业成为劳动者提高人力资本水平的重要途径。四是促进劳动力市场不断完善，促进劳动力从低生产率部门向高生产率部门流动。五是实现高质量创业目标，为全社会创造良好的创业环境，全面提升劳动者就业与创业能力，鼓励先就业后创业，鼓励和支持市场主体，特别是为微小企业、个体工商户等市场主体创造良好的创业与发展环境，充分发挥它们在创造和吸纳新增就业方面的作用。[①] 六是鼓励和支持各类人员自我就业、灵活就业、弹性就业等新就业形态，为灵活就业者提供参保条件，为自由职业者的职业资格认定提供规范权威的认定服务。七是健全就业需求与失业监测预警机制，将城镇调查失业率控制在 5.3% 以内，帮助失业者培训或转岗再就业。即使将调查失业率控制在 5% 左右，仍会有 2500 万—3000 万的失业人员。这就成为实现共同富裕的最大挑战。因此，必须始终把不断创造新增就业、有效控制失业率放在最优先位置，将失业保险金余额主要用于失业人员（包括进城务工农民）再培训、再就业。

　　提升全社会人力资本质量和专业技能。我国人才工作站在一个新的历史起点上，已经拥有一支规模宏大、素质优良、结构不断优

---

① 中小企业贡献了 80% 以上的就业岗位。2021 年 11 月底，我国登记注册市场主体达到 1.5 亿户，各类微小企业 4317 万户，个体工商户 1.02 亿户。民营企业从 1967 万户上升至 3105 万户（2019 年），占实有企业的 90.3%，形成世界最大的市场主体国家，成为推动我国经济增长和就业的重要力量。

化、作用日益突出的人才队伍。[①] 我国大学文化程度人口居世界首位，优势更加凸显。预计到 2025 年，我国大专及以上文化程度人口将从 2020 年的 2.18 亿人上升至 2.66 亿人，到 2035 年进一步上升至 3.93 亿人，超过美国总人口。我国劳动力人力资本水平将不断提高，劳动年龄人口平均受教育年限从 2020 年的 10.8 年上升至 2025 年的 11.3 年，到 2035 年达到 12.3 年。2020 年，全国技能劳动者超过 2 亿人，占总就业人数比重的 26.7%，这是靠劳动致富、技能致富的中等收入群体的重要来源，其中，高技能人才为 5800 万人，占技能人才的近 30%。"十四五"时期预计将新增技能人才 4000 万人以上，建成世界最大规模的高技能劳动力大军。到 2035 年，中国将成为世界上重要的人才高地和创新高地，科技创新队伍建设取得重要进展，成为世界各类人才最大规模的国家。其中，我国从事研究与试验发展（R&D）活动人员全时当量将从 509 万人年增长至 1000 万人年以上，研发人力投入翻一番。到 2035 年，我国在诸多领域的人才竞争中将形成比较明显的优势，国家战略科技力量和高水平人才队伍位居世界前列。[②]

促进男女就业机会平等，缩小男女劳动报酬及退休金差距。2020 年，我国女性人口占总人口的比重为 48.8%；2019 年，我国女性劳动力占总劳动力比重的 43.6%，已经与 OECD 国家平均数（44.4%）接近。我国女性（15—64 岁）劳动参与率高达 68.6%，也高于 OECD 国家平均数（64.8%）。根据联合国教科文卫组织公布的数据，我国女

---

① 参见《深入实施新时代人才强国战略 加快建设世界重要人才中心和创新高地》，《人民日报》2021 年 9 月 29 日。

② 同上。

性高等教育毛入学率从 2003 年的 13.9% 提高至 2020 年的 63.9%，同期男性高等教育毛入学率从 16.9% 提高至 53.6%。[1] 随着女性人均预期寿命以及健康预期寿命持续高于男性，[2] 逐步提高女性劳动力退休年龄的时机已经成熟。与此同时，不断提高女性劳动力市场的劳动报酬与退休金水平，这是一个有利于国家富强与个人致富激励相容的重大政策。

第　四　节

优化收入分配结构

坚持按劳分配为主体、多种分配方式并存的社会主义分配原则，完善收入分配体系，优化收入分配结构。

有学者认为，在社会主义制度下，按要素投入分配的基本原则是以按劳分配为主体，其他分配方式作为补充。在当前的发展阶段，按劳分配兼顾了效率与公平。必须"坚持多劳多得，着重保护劳动所得，增加劳动者特别是一线劳动者劳动报酬，提高劳动报酬在初次分

---

① 世界银行数据库。

② 全国女性与男性平均预期寿命之差，分别从 2010 年的 4.99 岁提高至 2015 年的 5.79 岁。参见国家统计局编：《中国统计摘要 2016》，中国统计出版社 2016 年版，第 18 页。

配中的比重"①。鼓励企业建立员工持股制度，实行利润分红或超额利润分红制度。

国家经济发展要把坚持实现居民收入增长同经济增长基本同步作为重要目标。预计 2021 年到 2035 年，居民人均收入增长速度保持在 5% 左右，实现居民收入（不变价）翻一番，由 2020 年的 3.22 万元达到 2035 年的 6.44 万元，相当于每人每日从 21 国际元上升至 42 国际元以上，中等收入人群总规模翻一番以上，由此带动居民人均消费水平及居民消费总额同步翻一番以上。

坚持劳动报酬提高和劳动生产率提高基本同步。预计 2021 年到 2035 年，城镇单位就业人员实际工资增长速度在 6% 左右，② 平均货币工资由 2020 年的 9.74 万元提高到 2035 年的 23.3 万元。与此同时，合理提升最低工资标准，这也是防止收入差距扩大的重要举措。各地区可以根据本地生活成本以及经济增长情况，自主决定调整月最低工资标准。③

提高劳动报酬在初次分配中的比重。按劳分配仍是我国居民收入的主要来源。其中，工资性收入是劳动收入中的重要组成部分。在全国居民人均可支配收入中，以工资性收入占比为主，2020 年全国平均为 55.7%，其中城镇为 60.2%，比 2010 年的 65.2% 下降 5.0 个百分

---

① 《中共中央关于坚持和完善中国特色社会主义制度、推进国家治理体系和治理能力现代化若干重大问题的决定》，《人民日报》2019 年 11 月 6 日。

② 2010—2020 年，全国城镇单位就业人员平均实际工资指数，年均增速为 7.6%。参见国家统计局编：《中国统计摘要 2021》，中国统计出版社 2021 年版，第 45 页。

③ 2021 年以来，我国有 20 个省、自治区、直辖市上调了最低工资标准。2021 年 8 月 1 日起，北京市调整月最低工资标准，月最低工资标准从 2200 元调整到 2320 元，增加 120 元。非全日制从业人员最低工资标准为 25.3 元 / 小时，非全日制从业人员法定节假日最低工资标准为 59 元 / 小时。参见中国工资网。

点；农村为 40.7%，与 2010 年的 41.0% 基本相同。应持续投资于劳动者人力资本（教育与培训），不断提高人均受教育年限以及加大职业教育与培训，不断提高劳动者的技能水平，进而不断提高全员劳动生产率，不断增加工资性收入比重。

拓展居民收入增长渠道，促进城乡居民收入来源多样化。鼓励和支持各种创业，增加经营净收入，经营性收入本质上也是劳动收入；鼓励家庭的多样化投资，增加财产净收入。

健全多层次社会保障体系，逐步做到覆盖全民、统筹城乡、公平统一。合理划分国家、单位、个人的养老责任分担，为个人积累养老金提供制度保障。随着经济实力、财政实力的增长，逐步提高城乡居民基础养老金标准和最低保障收入标准，增加转移支付净收入，特别是要增加农村老龄人口的社会保障水平。

完善社会保险制度，实现失业保险、工伤保险劳动者（特别是进城务工农民、灵活就业者等）全覆盖，提高企业养老保险覆盖率。完善多支柱养老保险体系，鼓励企业年金和职业年金体系发展，大力发展第三支柱养老保险。2020 年末，企业年金规模为 2.25 万亿元，占 GDP 总量的 2.2%，有很大的发展空间；在全国范围内加快发展第三支柱养老保险，鼓励保险业从业机构创新商业养老保险产品，规范商业保险发展。

完善社会救助制度。无论中国发展到什么程度，总会有特殊困难人员、低收入家庭，需要建立健全基本生活救助制度，如实行基本收入救助，使援助对象达到本地最低工资和最低生活标准，实行专项救助服务。特别是要不断提高残疾人专项补贴水平，补助金额增速高于全国或各地人均可支配收入的增速，做到包底兜底，对他们体现"人文关怀、公平优先"。促进社会慈善事业发展，发挥慈善等第三次分配作用，完善财税等激励政策。

规范收入分配秩序，合理调节过高收入。不搞平均主义，不搞杀富济贫、杀富致贫，避免掉入福利主义陷阱。14亿多人通过共同努力，一起迈入现代化。[①]

第 五 节

构建家庭友好型社会

我国已经进入人口老龄化与少子化加速期。人口老龄化是今后相当长时期我国的基本国情。2000年，我国65岁及以上人口比重为6.96%，到2020年已上升至13.50%。[②]我国65岁及以上人口占世界65岁及以上人口比重从2000年的20.5%上升至2020年的23.3%，高于中国人口占世界人口的比重。[③]根据人口增长模型计算，我国65岁及以上人口从2020年至2035年将从1.9亿人上升至3.27亿人，将增

---

① 参见刘鹤：《必须实现高质量发展》，《人民日报》2021年11月24日。

② 参见国家统计局编：《中国统计年鉴2021》，中国统计出版社2021年版，第36页。

③ 世界银行数据库。

加 1.36 亿人，平均每年增加 900 万人，年均增速为 3.7%。65 岁及以上人口比重从 2020 年至 2035 年将从 13.5% 提高到 22.5%，明显高于 OECD 国家 2020 年的比重 17.4%。[①] 老龄人口总量多、增速快、地域差异大、未富先老、养老金缺口扩大、养老服务业不发达，相当多的老年人口成为相对低收入人群。与此同时，中国也逐渐进入前所未有的少子化时期，少儿人口（0—14 岁）比重持续减少，开始低于 OECD 国家。今后，"一老一少"问题成为我国人口形势的两大挑战。一方面，人口老龄化总体上会加剧社会养老负担，降低生育意愿，进而加剧少子化；另一方面，少子化加剧可能比人口老龄化更为严重，反过来又加剧人口老龄化。[②]

为此，中共中央、国务院制定了《国家积极应对人口老龄化中长期规划》，明确提出了三个阶段目标：到 2022 年，我国积极应对人口老龄化的制度框架初步建立；到 2035 年，积极应对人口老龄化的制度安排更加科学有效，到本世纪中叶，与社会主义现代化强国相适应的应对人口老龄化制度安排成熟完备。并作出战略性安排和具体工作任务，包括：一是夯实应对人口老龄化的社会财富储备。二是改善人口老龄化背景下的劳动力有效供给。三是打造高质量的为老服务和产品供给体系。四是强化应对人口老龄化的科技创新能力。五是构建养

---

① 世界银行数据库。

② 参见于淼、胡鞍钢：《构建以人民为中心的家庭友好型社会——积极应对老龄化和超低生育率挑战》，《国情报告》2021 年 12 月 3 日。

老、孝老、敬老的社会环境，建设老年友好型社会①，即"老有所乐、老有所学、老有所为、老有所用、老有所养、老有所医"的社会服务体系，进一步发展世界最大规模的老龄社会服务业，提升老年人幸福水平，走出一条中国特色的积极应对人口老龄化的道路，如习近平总书记所要求的"让老年人共享改革发展成果、安享晚年"②。

构建中国特色的家庭友好型社会。根据第七次全国人口普查数据，我国总人口达到 14.1 亿人，家庭户从 2010 年的 4.0 亿户上升至 4.9 亿户，平均每年增加近 1000 万户，家庭户平均人口规模从 2010 年的 3.10 人减少至 2020 年的 2.62 人③。到 2030 年，我国家庭户将进一步上升至近 6 亿户。为此，不仅要坚持以人民为中心，还要坚持以家庭为中心，以构建中国特色的"家庭友好型"社会为目标，深入实施家庭幸福安康工程。④

一是构建"生育友好型"社会。主要目标包括发展儿童福利、推动性别平等、促进工作与家庭平衡。在家庭内部推动夫妻平等，共担育儿和其他家庭事务，倡导和谐家庭建设。不断完善家庭外部支持体系，有效降低家庭生活成本，促进家庭成员团聚、家庭稳定和谐的政策制度不断成熟，积极推动新的生育政策落地见效。

---

① 参见《中共中央国务院印发〈国家积极应对人口老龄化中长期规划〉》，《人民日报》2019年 11 月 22 日。

②《贯彻落实积极应对人口老龄化国家战略　让老年人共享改革发展成果安享幸福晚年》，《人民日报》2021 年 10 月 14 日。

③ 参见国家统计局编：《中国统计年鉴 2021》，中国统计出版社 2021 年版，第 36 页。

④《中华人民共和国国民经济和社会发展第十四个规划和 2035 年远景目标纲要》设置专节"加强家庭建设"，首次提出深入实施家庭幸福安康工程，构建支持家庭安全发展的政策体系。

二是构建"老年友好型"社会。2020 年，我国 60 岁以上的老年人口总数为 2.64 亿人，"十四五"时期将超过 3 亿人。习近平总书记指出，要积极看待老龄社会，积极看待老年人生活。[①] 为此要加大宣传教育，树立积极老龄观，构建老龄友好型社会，主要目标是营造包容、接纳、尊重和帮助老年人的社会风尚。到 2030 年，我国人均预期寿命将达到 79 岁，60 岁及以上老年人口达到 3.8 亿人。参照精准扶贫的成功做法，对他们分年龄段、分服务类型实施精准帮扶政策措施：低龄老年人口（60—69 岁），其中具有经验和技能等优势，身体状况比较好，并能够自理的这部分老年人群，是开发老年人力资本的主力军；中龄老年人口（70—79 岁），可分为自理型、半自理型以及全照料型，采取灵活的个性化的政策；80 岁及以上高龄老年人口，是照料和扶助的重点人群。在积极倡导居家养老的同时，大力发展社会养老服务、公益型养老机构以及满足不同养老服务需求的商业养老机构。

三是构建"健康友好型"社会，主要目标包括提高医疗保障体系，加强健康服务和管理水平；投资公共健康保障体系，促进公共卫生服务均等化，普及大众医疗保健知识；建立"广覆盖、高效率、适度水平"的医疗救治救助体系；开拓前沿医学科学研究与开发体系，推进中西医科学的协调发展；构建"健康友好型"服务社区，使"一老一小"成为最主要的服务对象，提供精准公共卫生与健康服务。

四是充分发挥中国特有的"妇女能顶半边天"的社会优势、大国

---

① 参见马晓伟：《全力推进新时代老龄工作高质量发展》，《人民日报》2021 年 12 月 24 日。

规模优势。在具体落实"十四五"规划提出的"逐步延迟法定退休年龄"措施时，可分类实施、小步调整[①]，建议大专以上女性健康者退休年龄与男性一致，特别是女性人均预期寿命高于男性 5.8 年（2015年全国数据）[②]，而退休年龄则提前了 5 年。此外，我国女性人力资本越来越高，女性高等教育毛入学率从 2003 年的 13.9% 提升至 2020 年的 63.9%，提高了 50 个百分点，[③] 是世界高等教育毛入学率增加最快的国家，女性真正成为各行各业的"半边天"。这就需要充分发挥和利用中国特有的"妇女能顶半边天"的性别优势、健康优势、专业优势、规模优势。

五是充分发挥农村家庭传统互助互惠型的零次分配机制。在广大农村发展壮大集体（互助）经济，增加集体共有财产。政府应该在直接转移支付、基本公共服务、基础设施、人居环境、农村改厕等方面给予保障，发挥农民家庭特有的零次分配机制，如对父母抚养子女、子女赡养父母的双向机制，这是实现农村内部共同富裕的重要基础。

---

① 可参照德国渐进主义做法：德国政府决定从 2012 年 1 月 1 日起，用 12 年的时间把退休年龄延长一年，一年延长一个月；然后再用 6 年的时间把退休年龄延长一年，一年延长两个月，到 2030 年把退休年龄延长到 67 岁。

② 参见国家统计局编：《中国统计摘要 2016》，中国统计出版社 2016 年版，第 18 页。

③ 世界银行数据库。

第 六 节

健全国家公共服务体系

健全国家公共服务体系是建设全体人民共同富裕社会的重要支柱。党的十九届五中全会明确提出，到 2035 年基本公共服务实现均等化战略目标。这表明我国需要再用三个五年规划，建立与基本实现社会主义现代化目标相适应的国家基本公共服务体系。到 2035 年，我国基本公共服务均等化基本实现，基本建成全民覆盖、更加均衡、更高质量、更加便捷、更可持续的国家基本公共服务体系，实现基本公共服务全人口覆盖，地区、城乡收入差距持续缩小，基本公共服务均等化水平显著提高，满足人民多层次、多样性的基本公共服务需求。

建立健全国家基本公共服务体系，提高基本公共服务均等化水平。推动城乡居民基本公共服务制度统一、标准统一，并建立动态调整机制，不断提升基本公共服务的质量和保障水平。基本公共服务主要涉及公共教育、就业创业、社会保险、医疗卫生、社会服务、住房保障、公共文化、全民健身、优抚安置、残疾人服务等领域。基本公共服务既要做到全民普惠，也要尽力做到精准提供，从而提升公共资源投入的利用效率。

积极发展非基本公共服务，更好地满足广大人民群众的多样化需求。一是积极发展准基本公共服务，包括幼儿园、职业教育、非义务教育阶段的特殊教育，大力促进社会办医、重点群体托养服务、保障性住房等，积极探索各种政府与社会资本合作形式，以公益性目标为主，同时通过财政税收手段给予参与的社会资本以补贴。二是大力发展经营性公共服务，通过市场机制满足居民多样化需求的社会公共服务，也使经营性公共服务成为创造就业、解决社会服务短缺的重要手段。这就需要创新非基本公共服务供给的多种形式，支持市场与基层组织、企业与社区服务机构、社会各方与受益公众共同兴办多元化的社会服务机构或组织。

优先保障基本公共服务的财政支出需求。明确中央和地方在公共服务领域事权和支出责任，加大中央和省级财政对基层政府提供基本公共服务的财力支持，加大政府购买基本公共服务力度，并对公共财政支持的基本公共服务的社会效果作出评估，向同级人大报告，及时向社会公布。

第 七 节

提高国家财政汲取能力，发挥国家再分配重要作用

国家财政是发挥再分配作用的最重要制度安排，也是推动全体人

民共同富裕的重要手段。财政不仅要大力支持高质量发展，做大做强经济蛋糕，为创造国家财富服务，而且要完善二次收入分配，分好经济蛋糕，通过转移支付，促进基本公共服务均等化，进而促进全体人民共同富裕。国家财政汲取能力不足是国家再分配能力的最大制约。从国际上看，大多数高收入国家，政府财政收入占 GDP 的比重都相对较高。

不断提高一般公共预算收支占 GDP 的比重。随着我国将进入高收入水平阶段，我们有能力不断提高国家一般公共预算收支总额占 GDP 的比重，加大对地方财政转移支付力度，进而缩小地区发展差距。第一步，在"十四五"时期，一般公共预算收入占 GDP 的比重由 2020 年的 18.0% 提高至 22% 以上①。相应地，一般公共预算支出占 GDP 的比重从 24.2% 提高到 25% 以上。第二步，到 2035 年我国人均 GDP 达到中等发达国家水平，一般公共预算收入和支出占 GDP 的比重力争分别达到 28% 和 30%，② 更好地发挥国家在再分配方面的重要作用。不断提升国家和地方公共财政的民生导向，取之于民、用之于民，特别是在教育、医疗卫生、社会保障和就业、文化事业、节约资源与环境保护、交通运输等公共支出领域。

充分发挥社会主义国家的再分配职能。这是促进全体人民走向共

---

① 经过与国际统计口径对接，包括国有资本经营收入、社会保险基金收入、政府性基金收入（不含土地出让收入）以及土地出让净收入，2010—2014 年调整后财政收入占 GDP 比重都在 30% 以上。参见彭刚、聂富强、朱慧：《财政收入占 GDP 比重的几个统计问题再思考》，《经济统计学（季刊）》2016 年第 2 期。

② 王绍光认为，国家必须具有并维持一定的财政汲取能力（现阶段，财政收入与社保基金收入占 GDP 的比重应达到并保持在 30%—35%）；在支出端，重点应该放在满足最广大人民群众的基本需求（而不是"欲求"）上。

同富裕的制度性安排。《中华人民共和国宪法》第六条规定："坚持按劳分配为主体、多种分配方式并存的分配制度。"完善个人所得税制度，适时调整个人所得税税率，规范收入分配秩序，合理调节过高收入，规范资本性所得税收征收，遏制资本无序扩张，列出负面清单，坚决打击各类非法收入行为。推动房地产税改革，逐步实现从试点到全国普遍实施。加大社会保障、转移支付力度，防止两极分化，减少初次分配不公平，充分体现社会主义制度的优越性。需要特别指出的是，各种五花八门的减免税，实际上减少了国家税收来源，不仅导致一般公共财政收入占 GDP 比重持续下降，还直接影响了国家再分配能力。

做强做优做大国有经济。党的十八届三中全会强调，必须毫不动摇巩固和发展公有制经济，坚持公有制主体地位，发挥国有经济主导作用，不断增强国有经济活力、控制力、影响力。这是保证我国各族人民共享发展成果的重要经济基础，也是巩固党的执政地位、坚持我国社会主义制度的重要保证，是建设共同富裕社会的社会主义经济基础。《中华人民共和国宪法》第七条规定："国有经济，即社会主义全民所有制经济，是国民经济中的主导力量。国家保障国有经济的巩固和发展。"从注册登记数来看，我国国有企业从 1996 年的 44.2 万个减少至 2017 年的 13.3 万个，占全国企业登记数的比重从 1996 年的 16.8% 下降至 2017 年的 0.73%。一方面，国有企业虽然数量比重在下降，但是整体影响力和控制力仍旧是有保障的；另一方面，国有经济要做强做优做大，必须"有所为、有所不为"，抓住关系国计民生的关键领域。

继续鼓励我国民营经济（指私营经济和个体经济等非国有经济成分）发展与壮大，为创造就业和增加税收作出更大贡献。全国私营企业数从 1996 年的 44.3 万个增加至 2017 年的 1436.9 万个，增长了 31.4 倍，年均增速为 18.0%，占全部企业数量比重从 16.9% 增至 79.4%。[①]2020 年，民营经济缴纳税收占全国税收比重达 60.1%[②]，在企业税种税率不变的情况下，大中型民营企业对税收的贡献仍有一定潜力。鼓励民营经济发展与壮大也是加强和巩固社会主义经济基础的基本要求，更是全体人民走向共同富裕的基本途径。同时，要引导非公经济实体逐步调整所有者、管理者与普通劳动者在生产中的相互关系，提高普通劳动者的地位，积极营造和谐的社会主义劳动关系。

总之，"现在，已经到了扎实推动共同富裕的历史阶段"。我国作为拥有 14 亿多人口的世界大国，在当前发展阶段，发展不平衡不充分问题十分突出，这也更加凸显共同富裕的价值。因此，促进全体人民共同富裕是一个目标极其宏大、影响极其深远的伟大历史任务，需要经历相当长的时间才能实现，是社会主义现代化建设的一场持久战，既不能急于求成，也不能一拖再拖；既不能搞大跃进，也不能搞齐步走；既不能搞绝对平均，更不允许两极化。要按中国社会主义现代化发展的规律性特征，稳步扎实推进。国家应鼓励各地区根据实际情况创造不同的共同富裕模式，不仅为本地人民所共享，而且也为全

---

① 从控股情况来看，2017 年私人控股企业 1620.4 万个，占全部企业比重高达 89.5%。香港、澳门、台湾地区商人投资企业和外商投资企业分别为 13.0 万个和 13.7 万个，合计为 26.7 万个，占全部企业比重仅为 1.5%。参见《辉煌 70 年》编写组著：《辉煌 70 年：新中国经济社会发展成就（1949—2019）》，中国统计出版社 2019 年版，第 77—78 页。

② 国家税务总局。

国各地所分享。从这个意义上来看,《中共中央、国务院关于支持浙江高质量发展建设共同富裕示范区的意见》,既能够为全国其他地方促进共同富裕探索新路径,积累成功经验,又能够总结不足之处,提供示范,避免走弯路。

第 七 章

实现共同富裕的
中国意义与世界意义

共同富裕，是马克思主义预见的一个基本目标。马克思在《1857—1858 年经济学手稿》中指出，在新的社会制度中，社会生产力的发展将如此迅速，生产将以所有的人富裕为目的。在世界现代史上，曾经有过苏联、东欧国家几十年社会主义的实践，但是在 1990 年前后，苏联解体、东欧剧变，这一社会实践失败了，这些国家也都成为阶级分化、阶层分化的国家，出现历史大倒退[①]。只有中国、越南等极少数社会主义国家结合本国国情探索和创新共同富裕的社会主义道路，并取得了重要成果。为什么中国能够取得这一伟大成果呢？这是因为中国共产党自诞生之日起就把"为中国人民谋幸福、为中华民族谋复兴"作为自己的初心使命。

新民主主义革命取得伟大胜利。中华人民共和国成立标志着中国实现民族独立、人民解放，彻底结束了半殖民地半封建社会的历史，彻底结束了极少数剥削者统治广大劳动人民的历史，彻底结束了

---

① 俄罗斯人均 GDP（2017 年国际元）1998 年比 1990 年下降了 42.5%，直到 2006 年才超过 1990 年的水平。参见世界银行数据库。

旧中国一盘散沙的局面，彻底废除了列强强加给中国的不平等条约和帝国主义在中国的一切特权，实现了中国从几千年封建专制政治向人民民主的伟大飞跃，这为实现共同富裕创造了根本的政治基础和社会条件。

社会主义革命和建设取得伟大胜利。党领导人民完成社会主义革命，消灭一切剥削制度，实现了一穷二白、人口众多的东方大国大步迈进社会主义社会以及开启社会主义工业化的伟大飞跃，这为实现共同富裕奠定了根本的制度基础和物质基础。

改革开放和社会主义现代化建设取得伟大胜利。解放和发展社会生产力，使人民摆脱贫穷、尽快富裕起来，实现了从温饱不足到总体小康、奔向全面小康的历史性跨越，推进了中华民族从站起来到富起来的伟大飞跃，为实现全体人民共同富裕奠定了更坚实的经济基础以及更完善的制度体系。

中国特色社会主义进入新时代，我国实现了第一个百年奋斗目标，开启了实现第二个百年奋斗目标的新征程，国家治理体系和治理能力现代化水平不断提高，开启了全国各族人民团结奋斗、不断创造美好生活、逐步实现全体人民共同富裕的时代。

这就是中国特色社会主义现代化与建设全体人民共同富裕社会的历史接力棒机制，一代传一代，一代接一代，一代超一代。从土地改革解放农民，到解决农民温饱、生活达到小康水平，从根除绝对贫困到全面建成小康社会，从极低收入、低收入到中低收入、中高收入，使14亿多人民前所未有地富裕起来。这就为未来我国进入高收入水平、达到中等发达国家水平奠定了更加坚实雄厚的经济基础、社会基础以及制度基础。因此，中国"仅用几十年时间就走完发达国家几百年走过的工业化历程，创造了经济快速发展和社会长期稳定两大奇迹"①。

从中国共产党成立100周年起，我们党的总任务是实现社会主义现代化和中华民族伟大复兴，在全面建成小康社会的基础上分两步走，在本世纪中叶建成富强民主文明和谐美丽的社会主义现代化强国，以中国式现代化推动中华民族伟大复兴。这表明，未来中国将全面建成社会主义现代化强国并实现全体人民共同富裕。这必将超越西方发达国家现代化模式，为发展中国家开创新的人间正道。

中国作为世界上贫困人口最多的国家之一，从解决温饱到达到小康水平，从消除绝对贫困到全面实现共同富裕，都会对世界产生重大而深远的影响。按世界银行每人每日支出低于3.10国际元的国际贫困线标准计算，中国贫困人口从1981年的8.84亿人减少至2016年的691万人，减少了8.74亿人，贫困发生率从88.3%下降至0.5%，率先实现了国际社会提出的"可持续发展"（SDG）的终结极端贫困核心目标，对世界减贫的贡献率高达74.1%。②这充分体现了中国减贫的世界意义，即中国的减贫成功意味着世界减贫的成功，为发展中国家减贫提供了中国经验和重要借鉴。

作为世界上最大的发展中国家，中国的发展对世界格局产生了决定性影响。2000年，中国进入中低收入阶段，世界中低收入人口

---

① 《中共中央关于党的百年奋斗重大成就和历史经验的决议》，《人民日报》2021年11月17日。

② 世界银行数据库。

占世界人口比重达到 82.0%^①；2010 年，中国进入中高收入阶段，世界中高收入人口翻一番，高达 26.63 亿人，占世界总人口比重达到 38.5%；到 2021 年，中国进入高收入阶段，世界高收入人口将从 2020 年的 28.56 亿人提高至 43.03 亿人，占世界总人口比重的 52.6%；到 2035 年，中国将进入中等发达阶段，中等发达国家（如 OECD 国家）总人口将在现在的 13.6 亿人的基础上翻一番，达到 27.2 亿人，占世界总人口的比重将从现在的 17.7% 提高至 2035 年的 33.3% 左右。与此同时，中国人类发展指数将从 2019 年的 0.761 提高到 2035 年的 0.850 以上，使目前极高人类发展水平国家人口占世界总人口比重也翻一番。这都是中国成为中等发达国家的重要标志，也是中国对世界发展的重大贡献。

中国全面建成世界最大的共同富裕的社会主义社会，将从根本上改变资本主义产生及向全球扩张后几百年来世界经济格局、政治格局、治理格局，共同富裕的中国将有力地促进全球包容性、共享性发展以及可持性发展，特别是加速南北国家发展趋向均衡，首次为人类开辟十几亿人口走向共同发展、共同富裕、共同分享的新道路与新时代。

中国特色社会主义进入新时代，为实现全面建成社会主义现代化强国奠定了更加坚实的基础。首先，实现全体人民共同富裕是建成社会主义现代化强国的社会基础、民心基础；其次，实现全面建成社会主义现代化强国目标，又为全体人民共同富裕奠定了坚实的经济

---

① 世界银行数据库。

基础、物质基础；最后，共同富裕与建成社会主义现代化强国相互支撑、相互作用、相互促进，将继续书写中国及人类发展史上的伟大奇迹。

总之，中国已经大踏步走近世界舞台中央，比历史上任何时期都更加接近、更有信心、更有能力实现中华民族伟大复兴的宏伟目标，前所未有地影响世界、塑造世界、成就世界、贡献世界。我们可以说，中国十几亿人民在中国共产党领导下正在走上共同富裕的康庄大道，到本世纪中叶将全面建成社会主义现代化强国，实现中华民族伟大复兴，这就验证了1949年毛泽东所预言的"人间正道是沧桑"。

附录

促进共同富裕指标（2020—2035年）（建议稿）

类指标	评估指标	2020年	2025年	2030年	2035年	年均/累计	属性
生产力	1. 国内生产总值（GDP）增速（%）	2.2	—	—	—	5左右	预期性
	2. 全员劳动生产率增速（%）	11.5	>15.3	11.8		>5	预期性
	3. 劳动年龄人口平均受教育年限（年）	10.8	11.3	11.8	12.3	[1.5]	约束性
	4. 人才资源（亿人）	2.2	2.5	2.8	3.2	[1.0]	预期性
发展机会	5. 常住人口城镇化率（%）	63.9	69	74	78—80	[14—16]	预期性
	6. 户籍人口城镇化率（%）	44.4（2019）	53	60	65	[>20]	约束性
	7. 城镇新增就业人数（万人/年）	1352	>1100	>1100	>1100	[1650]	预期性
	8. 城镇调查失业率（%）	5.2	<5.3	<5.3	<5.3		预期性

续表

类指标	评估指标	2020年	2025年	2030年	2035年	年均/累计	属性
发展保障	9. 学前教育毛入园率（%）	85.2	＞90	93	＞95	［＞10］	约束性
	10. 高中阶段教育毛入学率（%）	91.2	＞95	95.4	＞97	［＞10］	预期性
	11. 高等教育毛入学率（%）	54.4	65	＞70	＞75	［＞20］	预期性
	12. 基本养老保险参保率（%）	（9.67亿）	95	＞97	＞99		预期性
	13. 医疗保险参保率（%）	＞95	＞98	全覆盖	全覆盖		预期性
	14. 每千人口拥有3岁以下婴幼儿托位数	1.8	4.5				预期性
	15. 婴儿死亡率（‰）	5.4	4.2	2.9	2		预期性
	16. 5岁以下儿童死亡率（‰）	7.5	5.8	4	3		预期性
	17. 孕产妇死亡率（1/10万）	16.7	13.7	10.7	9.7		预期性

续表

类指标	评估指标	2020 年	2025 年	2030 年	2035 年	年均/累计	属性
发展保障	18. 养老机构护理型床位占比（%）	40（2019）	＞55	70	80		预期性
	19. 城镇新建保障性住房占新增住宅比重（%）						约束性
	20. 志愿服务站点在社区综合服务设施中的覆盖率（%）	—	80	95	100		约束性
	21. 乡镇（街道）范围具备综合功能的养老服务机构覆盖率（%）	—	60	80	90		约束性
	22. 居民人均可支配收入与人均 GDP 之比（%）	2.1	—	—	—	5 左右	预期性
收入分配	23. 城乡人均可支配收入之比（农村 =1.00）	2.56	＜2.4	＜2.2	＜2.0		预期性
	24. 农村居民基础养老金收入与农村人均纯收入占比（%）						预期性
	25. 农村低保标准占城市低保标准比例（%）		75	80	90		约束性
	26. 居民人均可支配收入基尼系数	0.465（2019）			＜0.400		预期性

续表

类指标	评估指标	2020年	2025年	2030年	2035年	年均/累计	属性
人民福利	27. 居民人均可支配收入增速（%）					与经济增长同步	预期性
	28. 农村居民家庭恩格尔系数（%）	30.0（2019）	＜27.0	＜23.0	20左右		预期性
	29. 人均预期寿命（岁）	77.5	78.5	79	79.5	[2.2]	预期性
	30. 人类发展指数	0.761（2019）	0.81	0.836	＞0.850	[0.083]	预期性

注：① GDP、全员劳动生产率、人均可支配收入增速按可比价格计算；② "[ ]"内的数据为累计数；2020年数据来自《中国统计摘要 2021》，中国统计出版社 2021 年版；2025 年数据来自《中华人民共和国国民经济和社会发展第十四个五年规划和 2035 年远景目标纲要》《人民日报》2021 年 3 月 13 日；2030、2035 年数据系作者初步测算。

后 记

实现全体人民共同富裕是中国社会主义现代化的基本目标。对此，我们也有一个不断学习、不断研究、认识不断深化的过程。

1991年，基于对中国国情的认识以及面向21世纪中长期发展展望，我认为，中国的现代化不是少数人的现代化（少数人口的富裕、少数地区的发达、少数城市的繁荣），而应当是全体人民的现代化，即包括占全国人口多数的农村地区的现代化。在中国现代化进程中，应当坚持40多年（指1949—1991年）来被证明是行之有效的经济制度和分配制度，并经过体制改革加以完善。这样就会使全体人民的生活在20世纪初普遍地达到小康水平，避免了贫富悬殊，这无疑地会带动社会的整体进步和全面发展，也会不断巩固党的执政基础。从长远看，中国到2050年达到中等发达国家水平，因而实现全体人民共同富裕有特殊的重要意义。它不仅充分显示了社会主义制度的优越性，而且使 15 亿—16 亿这样庞大的人口都能过上比较富裕的日子，这将是世界现代化进程中最精彩的一幕。

从现实条件看，要求各地区都能达到共同富裕既不现实也不可能，但是共同富裕作为社会主义一个基本原则应当坚持，作为一个长期目标应当不懈追求。1995 年，我建议在"九五"计划期间，创造条件，逐步缩小地区相对差距。[①]1995 年 9 月，江泽民在党的十四届五中全会通过的《正确处理社会主义现代化建设中的若干重大关系》中明确提出："应该把缩小地区差距作为一条长期坚持的重要方针。""从'九五'计划开始，要更加重视支持中西部地区经济发展，逐步加大解决地区差距继续扩大趋势的力度，积极朝着缩小差距的方向努力。"[②]同年，我和王绍光、康晓光出版了《中国地区差距报告》一书，为中央政府制定我国地区发展战略提供了研究依据，该书也成为学术界被引用次数最多的著作之一。

1999 年，王绍光和我出版了《中国：不平衡发展的政治经济学》。该书利用政治经济学理论分析改革开放以来中国地区差

---

① 参见胡鞍钢著：《胡鞍钢集：中国走向二十一世纪的十大关系》，黑龙江教育出版社 1995 年版，第 89 页。

②《江泽民文选》第一卷，人民出版社 2006 年版，第 466 页。

距变化的格局，不仅探讨了这种格局产生的经济原因和经济后果，还研究了它的政治原因和政治后果；不仅提出了缩小地区发展差距的经济主张和经济政策，而且还提出了解决这一问题的政治主张和制度建设建议。综合起来，这取决于两个重要变量：一是政府缩小地区差距的政治意愿是强还是弱；二是政府影响资本流动的能力是强还是弱。如果政府仅有缩小差距的政治愿望，而缺乏干预的手段和能力，同样也无法达到缩小地区差距的目标。该书建议中国地区发展政策目标应当定为：在短期或中期内首先重视经济发展差距的继续扩大，缩小各地区人口基本公共服务水平差距；在中期和长期努力缩小经济发展相对差距；更长期的目标是缩小经济发展的绝对差距；最终目标是消除绝对不平等。对这个目标，我们只能不断逼近，却无法完全达到。[①]1999 年 6 月 17 日，江泽民在西安主持召开西北地区国有企业改革和发展座谈会时正式提出，不失时机地实施西部大开发战略。他指出，逐步缩小地区之间的发展差距，实现全国经济社会协调发展，最终达到全体人民共同富裕，是社会主义的本质要求，也是关系我国跨世纪发展全局的一个重大问题。实施西部大开发，对于推进全国的改革和建设，对于国家的长治久安，具有重大的经济意义和

---

①　参见王绍光、胡鞍钢著：《中国：不平衡发展的政治经济学》，中国计划出版社 1999 年版，第 1—2 页。

社会政治意义。①

1999 年 8 月，在孙鸿烈院士主持下，由我执笔代表中国科学院地学部撰写《关于 21 世纪初期加快西北地区发展的若干建议》。根据江泽民"在发展社会主义市场经济的条件下，加快开发西部地区，要有新思路"的要求，我们在报告中建议，加快西北地区发展，首要目标是"以人为本"实现"富民"。它是由三大战略构成的：一是知识发展战略，即利用知识促进发展，强化对人口教育、健康和各类知识的投资，提高全体公民获取、吸收、交流各种知识和信息的能力；二是人力资源开发战略，即扩大就业机会，发展劳动密集型产业，减少城乡贫困人口；三是可持续发展战略，以改善生态环境为根本，保护以绿洲为中心的生态系统，保护黄河、长江源头和上游地区，以合理利用水资源和节水为关键，综合治理水土流失、荒漠化，对战略性资源（如石油）实行保护性开发。

2001 年，我主编的《地区与发展：西部开发新战略》一书出版，为实施西部大开发战略作了更深入的系统研究。

2002 年 11 月 8 日，党的十六大报告首次提出，我们要在本世纪头 20 年，集中力量，全面建设惠及十几亿人口的更高水平的小康社会。国内生产总值到 2020 年力争比 2000 年翻两番，并

① 参见《江泽民文选》第二卷，人民出版社 2006 年版，第 340、342 页。

首次提出，逐步扭转工农差别、城乡差别和地区差别扩大的趋势。社会保障体系比较健全，社会就业比较充分，家庭财产普遍增加，人民过上更加富足的生活。基本普及高中阶段教育，消除文盲。形成全民学习、终身学习的学习型社会，促进人的全面发展。①

2002 年 11 月 15 日，王梦奎（时任国务院发展研究中心主任）和我接受中央电视台采访，在如何理解全面建设惠及十几亿人口的小康社会这个问题时，我的回答是，过去的 20 年主要是"让一部分人、一部分地区先富裕起来"为主题的发展，今后 20 年全面建设小康社会的主题将使全体人民朝着共同富裕的方向稳步前进。②

2003 年，我把中国发展的目标体系概括为"增长、强国、富民、提高国际竞争力"四大目标。到 2020 年，中国将成为在强大综合国力基础上具有主导能力的世界大国，进入中等或中等偏上收入国家的行列，人类发展指数达到较高水平。消除绝对贫困人口，建成人人享有教育、人人享有卫生服务、共同富裕的小康社会；提高国际竞争力，进入世界前列。国强是富民的基础，富民是国强的目的，而提高国际竞争力则是强国富民的基本特

---

① 参见《江泽民文选》第三卷，人民出版社 2006 年版，第 543 页。

② 详细分析参见胡鞍钢：《构建中国大战略："富民强国"的宏大目标》，《国情报告》2002 年 11 月。

征。这不仅是中国十几亿人民的社会福利最大化指标，也可以提前实现国际社会提出的到2015年全球社会发展目标（指MDG），为人类作出积极的重大贡献。[①]

2011年，我和鄢一龙、魏星撰写了《2030中国：迈向共同富裕》。邓小平对2050年的战略设想是："如果我们达到人均国民生产总值四千美元，而且是共同富裕的，到那时就能够更好地显示社会主义制度优于资本主义制度，就为世界四分之三的人口指出了奋斗方向，更加证明了马克思主义的正确性。"[②]据此，我们从长远性、战略性、前瞻性的角度提出2030年中国经济社会发展目标，即十几亿中国人民一起共建共同富裕的社会主义中国（简称"共同富裕社会"）。这一目标既是实现2020年全面建成小康社会目标的自然延续和历史必然，又是通向2050年社会主义现代化的中间站和必经之路。从2030年到2050年，中国将持续致力于实现第二个百年奋斗目标，中国将从小康走向富裕，从中低收入走向高收入，而共同富裕是社会主义中国最重要的发展主题、最核心的发展目标和最大的发展任务。[③]

到2020年，按不变价格计算，我国GDP相当于2000年的

---

① 参见胡鞍钢主编：《中国大战略》，浙江人民出版社2003年版，第8—9页。

②《邓小平文选》第三卷，人民出版社1993年版，第195—196页。

③ 参见胡鞍钢、鄢一龙、魏星：《2030中国：迈向共同富裕》，中国人民大学出版社2011年版。

5.28 倍，年均增速达到 9.3%，不仅超过了世界银行（1997 年）
预测的 3.33 倍，[①] 也超过了美国 RAND 公司（2001 年）预测的 2.65
倍。[②] 人均 GDP（PPP，2017 年国际元）由 2000 年的 3452 国际
元上升至 2020 年的 16316 国际元，增长了 4.73 倍，年均增速为
8.1%。按 2010 年现行农村贫困标准（每人每年生活水平 2300 元，
2010 年不变价），2000 年的 46224 万农村贫困人口到 2020 年全
部消除绝对贫困。中国不仅如期实现全面建成小康社会，而且已
经超过党的十六大、十七大的预期目标。

正是因为在 21 世纪的头 20 年，中国如期实现全面建成小康
社会的第一个百年奋斗目标，习近平总书记提出了中国分阶段促
进共同富裕的目标：到"十四五"末，全体人民共同富裕迈出
坚实步伐，居民收入和实际消费水平差距逐步缩小；到 2035 年，
全体人民共同富裕取得更为明显的实质性进展，基本公共服务实
现均等化；到本世纪中叶，全体人民共同富裕基本实现，居民收
入和实际消费水平差距缩小到合理区间。

2021 年 1 月，习近平总书记在省部级主要领导干部学习贯
彻党的十九届五中全会精神专题研讨班开班式上的讲话中指出，
实现共同富裕不仅是经济问题，而且是关系党的执政基础的重大

[①] 参见世界银行编：《2020 年的中国》，中国财政经济出版社 1997 年版。

[②] Charls Wolf, Jr., Anil Bamezai, K.C. Yeh, and Benjamin Zycher, 2000, *Asian Economic Trends and Their Security Implication*, RAND, Arroyo Center.

政治问题。要统筹考虑需要和可能，按照经济社会发展规律循序渐进，自觉主动解决地区差距、城乡差距、收入差距等问题，不断增强人民群众获得感、幸福感、安全感。[①] 这成为本书研究的基本思路和出发点。

2020 年 3 月，李克强总理在《政府工作报告》中明确提出，坚持尽力而为、量力而行，加强普惠性、基融性、兜底性民生建设，制定促进共同富裕行动纲要，让发展成果更多更公平惠及全体人民。为此，有关部门正在制定这一纲要。也是基于这一需要，本书围绕"共同建设共同富裕社会"这一主题，站在新的历史起点上，开展深入的、系统的前瞻性研究，为制定促进共同富裕行动纲要等重大决策提供决策咨询。我们的研究经历了五个阶段。

第一阶段，从 2019 年开始启动"十四五"研究，陆续发表了多篇国情报告供决策部门参考。

第二阶段，从 2020 年起组织"十四五"及 2035 年远景展望研究。

第三阶段，根据党的十九届五中全会《中共中央关于制定国民经济和社会发展第十四个五年规划和二〇三五年远景目标的建议》，在深入学习和系统研究的基础上，组织国情研究院同人和

---

① 参见《深入学习坚决贯彻党的十九届五中全会精神　确保全面建设社会主义现代化国家开好局》，《人民日报》2021 年 1 月 12 日。

博士后撰写了《"十四五"大战略与 2035 远景》，对用三个五年规划共同建设共同富裕社会已有了中长期设想与实现路径。该书已由东方出版社正式出版，引起了各方广泛关注。

第四阶段，我和周绍杰教授在《北京工业大学学报（哲学社会科学版）》上发表了学术论文《2035 中国：迈向共同富裕》。党的十九届五中全会提出，到 2035 年"基本实现社会主义现代化远景目标，全体人民共同富裕取得更为明显的实质性进展"，根据这一目标，我们聚焦共同富裕的理论和实践问题，基于马克思主义政治经济学理论，全面阐述共同富裕的深刻内涵、实现目标与途径，以及设计指标体系与评估方法。展望中国未来 15 年发展，对"十四五"至 2035 年共同富裕发展相关的经济社会目标作出中长期预测；探讨新时代中国实现共同富裕面临的机遇和挑战、总体目标与发展目标、政策建议及世界意义；提出分步骤、分阶段实现共同富裕的战略路径、重大任务、关键措施，以期解决缩小地区、城乡、收入三大差距等问题，实现基本公共服务均等化目标，为人类破解贫富差距提供中国经验。这成为本书写作的学术基础。

第五阶段，我和周绍杰撰写《2035 中国：共建共同富裕社会》一书。根据习近平总书记关于共同富裕的重要论述，我们认真学习、深入研究，进行中长期展望，分析机遇与挑战，提出科学可行、符合国情的指标体系，促进共同富裕的重大任务和政策思路建议，作为"国之大者"的学术版。此外，根据有关方面的要求，我们又撰写了专题性的研究报告，供有关方面决策参考。

本书的主要结论是：总体来说，无论是从发展基础、发展阶段、发展条件，还是从发展能力、发展战略、发展政策的角度来看，中国都已经具备了14亿多人民在中国共产党的领导下共同建设共同富裕社会的天时、地利、人和的条件，这是前所未有的历史使命，不可能轻而易举地实现，必须付出比以往更大的努力。共同富裕目标的实现也肯定能作出比以往更大的贡献。这是因为14亿多中国人民不仅进入高收入阶段、达到中等发达国家水平，而且还将进一步加快世界格局大变迁，对世界的创新发展、协调发展、绿色发展、开放发展、共享发展作出重大贡献，为人类开拓一条崭新的共同富裕的现代化之路。

本项研究获得全国哲学社会科学工作办公室国家高端智库专项（20155010298）、清华大学"文科"双高专项（53120600119）和创新方向建设专项C03，以及清华大学国家治理与全球治理研究院的资助。

本书是国情研究院长期积累的集体成果、集体智慧，同时吸收了由我主编的国情研究院《"十四五"大战略与2035远景》（东方出版社2020年10月版）一书、《2035中国：基本实现社会主义现代化》（2021年10月）报告，以及供决策者参考的多篇专题国情报告。本书作为国情国策研究成果，就是践行习近平总书记所要求的"国之大者"，能够站得更高、看得更远、想得更深，成为共同践行"知识为民、知识报国、知识为人类"理念的新成果。

胡鞍钢

2021 年 12 月于清华大学

图书在版编目（CIP）数据

2035 中国：共建共同富裕社会 / 清华大学国情研究院组织编写；胡鞍钢，周绍杰著 . —
北京：东方出版社，2022.2
ISBN 978-7-5207-1572-0

Ⅰ.① 2… Ⅱ.①清… ②胡… ③周… Ⅲ.①中国特色社会主义—社会主义建设模
式—研究 Ⅳ.① D616

中国版本图书馆 CIP 数据核字（2022）第 006885 号

2035 中国：共建共同富裕社会

（2035 ZHONGGUO：GONGJIAN GONGTONG FUYU SHEHUI）

作　　者：清华大学国情研究院组织编写；胡鞍钢，周绍杰著
责任编辑：陈钟华
责任校对：金学勇
出　　版：东方出版社
发　　行：人民东方出版传媒有限公司
地　　址：北京市西城区北三环中路 6 号
邮　　编：100120
印　　刷：三河市龙大印装有限公司
版　　次：2022 年 2 月第 1 版
印　　次：2022 年 2 月北京第 1 次印刷
开　　本：710 毫米 × 1000 毫米　1/16
印　　张：13
字　　数：180 千字
书　　号：ISBN 978-7-5207-1572-0
定　　价：49.80 元
发行电话：（010）85924663　85924644　85924641